중국문화와 한자, 두 마리 토끼를 잡아라

중국문화와 한자

두 마리 토끼를 잡아라

石定果 · 羅衛東 편

이강재 역

汉字的智慧

The Wisdom of Chinese Characters

역락

泡菜
紫菜
人参
・
キムチ
海苔
人参

　왼쪽의 사진은 몇 년 전 인천공항 면세점에서 찍은 사진이다. '김치'와 '김', '인삼'을 뜻하는 말을 우리나라와 중국, 일본에서 어떻게 다르게 쓰는지를 보여주는 자료이다. 나는 대학에서 '한자와 동양문화'라는 교양 교과목을 강의하는 첫 시간에 이 자료를 학생들에게 보여준다. 그리고 동일한 뜻을 가진 말이 우리나라와 중국, 일본에서 어떻게 다르게 표기되고 있는지를 설명한다. 사진에서 위 세 단어는 중국에서 쓰는 말로 모두 한자로 되어 있고, 아래 세 단어는 일본에서 쓰는 말로 한자와 일본 고유의 표기법이 들어있다.

　우리말 '김치'를 중국에서는 '泡菜'(파오차이)라고 쓰며, 일본에서는 'キムチ'(기므치)라고 쓴다. 이는 세 나라의 표기법이 모든 다른 경우에 속한다. 두 번째 말은 '김'인데, 중국에서는 '紫菜'(즈차이)라고 쓰고 일본에서는 '海苔'(노리)라고 쓴다. 우리말에서는 한자가 아닌 '김'이라는 말을 쓰는 반면, 중국과 일본에서는 똑같이 한자로 표기하되 서로 다른 한자를 쓴다는 차이가 있다. 물론 우리도 얼마 전까지 일본에서 사용하는 '海苔'의 우리말 독음인 '해태'를 사용한 적이 있다. 세 번째 말은 '인삼'인데, 중국과 일본에서는 모두 한자로 표기한다. 우리도 '人蔘'이라는 한자로 표기하는 경우가 있다. 하지만 세 나라에서 인삼이라는 한자를 표기하는 자형에는 차이가 있다. 이처럼 우리나라와 중국, 일본은 모두 과거에 한자를 기본적인 표기 수단으로 삼았던 나라이고 아직도 한자문화권에 속한다고 하지만, 현대에서 구체적인 한자 사용방법은 차이가 나는 것이다.

한자 사용 환경에 있어서도 세 나라는 차이가 있다. 당연히 중국은 한자가 없다면 어떤 말도 문자로 표기하는 것이 불가능하다. 일본은 한자를 많이 사용하기는 하지만, 이미 자신들만의 문자가 있어서 대다수의 말을 표기할 수 있다. 이에 비하여 우리나라는 이제 한자가 없다고 해도 기본적인 문자 생활에 거의 문제가 없다. 길거리를 거닐다보면 중국식당이나 중국어 학원, 고시학원 등의 간판에서나 한자를 볼 수 있으며, 때로 한자를 이용하여 멋을 부린 간판을 볼 수 있을 뿐이다. 이처럼 우리나라에서 한자를 모른다고 해서 일상생활에 큰 불편을 겪지 않는다.

그렇지만 한자를 아느냐 모르느냐는 것은 좀 더 고급의 문화생활을 하거나 정확한 우리말 구사를 하는 데에 있어서 중요한 역할을 한다. 즉 한자를 몰라도 일상적인 생활은 가능하지만, 좀 더 높은 사회적 지위와 문화적 향유를 위해서는 한자가 아직도 필수적이라고 할 것이다.

그렇지만 대학생들의 한자 수준을 살펴보면 그다지 이상적이지 못하다. 몇 년 전 서울대학교에서 교양과정으로 한문 교과목을 수강하려는 학생들의 한자 수준을 조사한 결과에 따르면, 고등학교 교육용 한자를 쓸 수 있는 학생이 5% 내외에 불과하며 중학교용 기본한자를 읽을 수 있는 학생도 60% 내외에 불과했다. 요즘은 컴퓨터의 사용이 많아지면서 한자를 쓰는 일이 더욱 적어졌다. 이제 한자를 '쓴다'는 말보다는 '(여러 글자 중에)고른다'라고 표현하는 것이 더 정확할 정도로 한자를 써보는 경우가 적기 때문이다.

사실 예나 지금이나 한자를 학습하는 것에는 어려움이 따른다. 이는 한자 자체가 쓰고 기억하기에 어려움이 있는 것에 기인한다. 한자는 필획이 많고 복잡하며 비슷한 글자들이 많아서 학습이 쉽지 않다. 이 어려움은 우리나라 사람만의 문제가 아니다. 중국에서도 한자가 학습에 어렵다는 것을 극복하기 위하여 끊임없이 한자를 간단하게 만들어보려는 노력이 있어왔다. 한자 학습이 어려운 또 다른 이유는 이전에 비해 우리가 학습해야 할 것들이 많아졌기 때문에 한자를 학습하는 데에 많은 시간을 할애할 수 없다는 점도 있다. 또 하나의 이유는 한자를 학습하는 방법을 적절하게 찾아가지 못했다는 점을 들 수 있다. 수많은 초등학생들이 한자검정시험을 보기 위해 한자를 학습하고 있지만 체계적인 학습이 아닌 단순 암기에 치우치는 경우가 많고 이 때문에 시험을 보고 난 이후 더 이상 학습의욕을 갖지 않는 경우가 대부분이다.

우리나라에서는 중·고등학교 교육용 한자로 1,800자를 선정하고 이것을 학습하도록 권장한다. 한자 1,800자를 학습한다면, 일상생활에서 큰 불편을 겪지 않을 뿐만 아니라 한자에 관한한 상당히 높은 수준을 달성했다고 말할 수 있다. 중국에서 상용한자로 2,500자를 정하였고, 일본에서는 1,945자를 정했다는 것을 비교해보면 우리나라의 상용한자가 결코 적은 것이 아니라는 것을 알 수 있다. 이렇게 볼 때 학습의 대상이 되는 한자가 그렇게 많은 것도 아니므로 체계적으로 학습할 수 있도록 해줄 수만 있다면 우리의 일상생활은 더욱 풍요로워질 수 있을 것이다.

이 때문에 나는 대학에서 한자와 관련된 강의를 맡아서 어떻게 하면 체계적이고 재미있게 한자를 학습하게 할 수 있을까에 초점을 맞추고 강의를 진행한다. 물론 이 노력이 항상 성공하는 것은 아니다. 그러나 한자의 원리에서 시작해서 현대 우리나라와 중국, 일본에서 한자를 사용하는 구체적인 상황을 사진자료 등과 함께 보여주면서 진행하는 강의는 이전의 한자 관련 강의보다 어느 정도 학생들의 학습동기를 끌어내는 기능을 수행하고 있다고 생각한다.

또한 최근 중국의 경제적 성장과 이에 따라 대두되는 중국 이해의 필요성은 한자 방면에서도 마찬가지로 중요해지고 있다. 따라서 한자를 단순히 문자로만 학습하는 단계를 넘어서서 중국과 동아시아 문화와 함께 이해하려는 노력은 현 단계에서 대단히 중요한 의미를 갖는 것이라고 할 것이다. 이런 측면에서 이 책에서 중국의 문화와 한자라는 두 마리 토끼를 잡으려는 노력은 한자 학습의 필요성을 느끼는 사람은 물론 중국의 문화를 이해하려는 사람에게도 중요한 역할을 할 것이다. 이 두 가지를 함께 학습할 때 학습의 효과가 더욱 커질 것임이 분명하다.

이 책은 2009년 중국의 북경어언대학北京語言大學 출판사에서 간행한『한자의 지혜漢字的知慧』를 번역하고 여기에 우리나라의 한자 학습자에게 필요한 몇 가지 자료를 추가하여 만든 책이다. 이 책은 한자의 원리에서 시작해서 전통문화나 의식주 등에 반영된 한자를 주제별로 묶어놓았다. 또 갑골문에서 현대 중국의 간화자에 이르기까지 한자의 변화를 살펴보면서 한자의 본래 의미와 그로부터 발전된 의미를 함께 살펴볼 수 있도록 만들어져 있다. 뿐만 아니라 한자를 설명하는 과정에서 이와 관련된 역사적인 이야기나 중국의 신화가 많이 소개되어 있어서 중국인의 사유방식을 이해하는 데에도 도움이 될 것이다. 그러므로 그 동안 한자를 단순하게 학습하는 것에 대해 부정적인 인상을 갖고 있는 사람이 읽어본다면 한자 학습을 해나가는 재미를 느끼게 될 것이다.

지난 겨울 이 책을 준비하면서 내 주변에는 많은 일이 있었다. 특히 이달 초에 부친께서 돌아가신 일이 가장 큰 일이다. 2년 전 모친을 여의고 부친만은 오래 모시고 싶었는데, 겨울 내내 병원에서 지내시다가 결국 세상을 떠나셨다. 발인을 마치고 이 책의 교정을 보면서, 좀 더 부지런하지 못했던 내 자신이 부끄러웠다.

끝으로 이 책이 나오는 과정에 도움을 준 박사과정의 문수정 선생에게 고마움을 전하고 싶다. 문 선생은 한자학을 전공하면서 내가 담당하는 한자 관련 강의에 대해 많은 조언을 해주었다. 또 이 책의 부록에 있는 두 가지 자료, 즉 한중 상용한자 자형 대조표와 우리나라 교육용 한자에 들어있지 않은 중국의 기본한자를 정리해주었다. 또한 이 책의 출간을 격려해주신 역락출판사의 이대현 사장, 그림과 어려운 한자가 많아서 편집상 애로가 많은데도 책을 예쁘게 만들어주신 편집부 이소희 님께도 고마움을 전한다.

2013년 3월 하순 이 강 재

차 례

한자의 역사

1 | 한자의 기원

    사대 문명에 속하는 나라들은 일찍이 자기만의 문자를 만들었다. 이집트는 신성문자가 있고 고대 바빌로니아인은 설형문자를 썼으며, 고대 인도에서는 팔라와문자와 카로슈티문자를 만들었다. 고대 중국의 문자는 한자이다. 오래된 문자 중 한자만이 유일하게 아직까지 사용된다. 한자는 각각이 한 폭의 그림과 흡사하며, 중국민족의 지혜와 문화를 담고 있다. 중국 문자의 기원에 대해서는 많은 전설이 전해온다.

    중국민족의 시조라고 전해지는 복희伏羲가 팔괘八卦를 발명하였다고 한다.

    팔괘에서 한자가 생겨났다. 가령, 감坎인 '☵'는 세로로 쓰면 "水"水자가 되고, 이離괘인 '☲'는 세로로 쓰면 '火'火자가 되고, 곤坤괘인 '☷'는 세로로 쓰면 '川'川자가 된다.

창힐 조각상

또 다른 전설에 따르면, 고대의 창힐倉頡이 만물의 형태를 자세하게 관찰하여 동물의 발자국이 서로 다르다는 것을 알게 되었고, 여기에 착상하여 문자를 만들고 자형에 근거하여 의미를 구별하였다고 한다.

전설마다 그 내용이 다른데, 그렇다면 한자는 어디에서 기원하는가? 출토된 고고학적 실물자료를 볼 때, 지금부터 7,000~8,000년 전의 신석기시대 초기 문화유적지에서 새김부호가 나왔는데, 이들은 도기나 거북딱지에 새겨져 있다. 후에 또 옥기에 새겨진 것이 있는데, 이들은 구체적인 도형이나 추상적인 기호로 되어 있다.

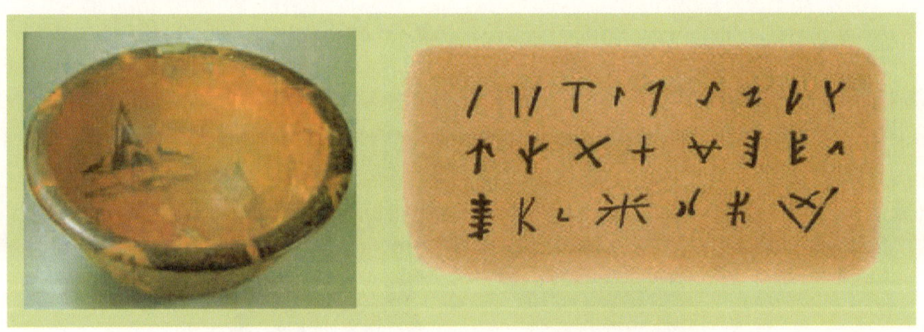
도기의 새김부호   중국 서안(西安) 반파(半坡) 유적에서 출토된 도기의 부호

고고학적 자료에 나타나는 새김부호는 한자의 맹아형태를 갖고 있다.

2 | 한자자형의 변화

체계적인 한자로 현존하는 최초의 것은 3,000여년 전 상商나라 때(B.C.1,600~B.C.1,046)의 갑골문이다.

이 당시의 사람들은 신비한 힘이 자연과 사람의 일을 주재하기 때문에 제사나 전쟁, 사냥, 농사, 결혼 등은 먼저 점을 통해 일의 길흉화복을 알아보았다. 갑골문은 바로 거북의 딱지나 짐승의 뼈에 새긴 한자인데, 이를 통해 고대에 점을 쳤던 내용과 결과를 기록하였다.

갑골문은 상나라 후기의 수도인 은허殷墟에 매장된 것이다. 1899년 왕의영王懿榮이라는 학자가 병이 났을 때 용의 뼈라고 알려진 약재를 사왔다가 그곳에 새겨진 부호를 우연히 발견하게 된다. 그는 이 부호가 고대문자일 수 있다고 생각하였다. 갑골문은 이렇게 우연히 발굴되었다. 왕의영은 이 때문에 갑골문의 아버지라 불리며, 갑골문이 출토된 하남성河南省 안양安陽의 소둔小屯 지역은 '은허'라고 명명된 세계 인류문화의 유적지가 되었다.

거북딱지   소뼈

갑골문은 여러 상황에 대해 중국 상나라의 역사를 반영하고 있다.

가령, "癸卯卜, 今日雨, 其自東來雨?"라는 복사의 뜻은 "계묘일에 점을 칩니다. 오늘 비가 옵니까? 대체로 동쪽부터 비가 내릴 것 같습니까?"이다.

또 가령, "甲子卜, 殼貞, 王疾齒佳(唯)易?"이라는 복사의 뜻은 "갑자일에 점을 칩니다. 殼이라는 점치는 사람이 묻습니다. 왕의 치통은 회복이 되겠습니까?"이다.

갑골문에 기록된 점과 사건의 내용은 당시의 천문, 역법, 기상, 지리, 국가, 가족, 임무, 관직, 정벌, 형벌, 농업, 목축, 사냥, 교통, 종교, 제사, 질병, 양육, 재난 등인데, 이는 진귀한 역사와 문화, 언어문자의 자료이다.

칼을 이용하여 거북딱지나 소, 양의 뼈에 새긴 문자는 선이 가늘고 예리하며 상형의 정도가 높다. 아래에서 갑골문을 살펴보도록 하자.

갑골문 자형의 예

갑골문과 동시에 출현한 한자 자형을 금문金文이라고 하는데, 이는 그것이 청동기에 주조된 것이고 동銅이 금속이기 때문이다. 금문은 주로 상나라와 주周나라 때(B.C.1600~B.C.256)의 것이다. 청동기에는 삶는 그릇, 음식을 담는 그릇, 술그릇, 물그릇, 악기, 무기, 수레나 마차에 쓰는 도구, 공구, 도량형 도구, 잡기 등 여러 가지 기물이 있는데, 여기에 모두 한자를 주조해 넣을 수 있었다.

청동기 정(鼎), 궤(簋), 두(豆), 존(尊), 작(爵), 부(缶), 종(鐘), 과(戈)

청동기에 주조된 금문은 선이 거칠다. 가령,

청동기에 새겨진 금문

초기 금문의 상형 정도는 높다. 대다수는 민족 휘장이나 제사의 대상이 되
는 선조의 호칭이다. 가령,

청동 금문

아래의 초기 금문을 살펴보면, 상형성이 강한 것을 알 수 있다.

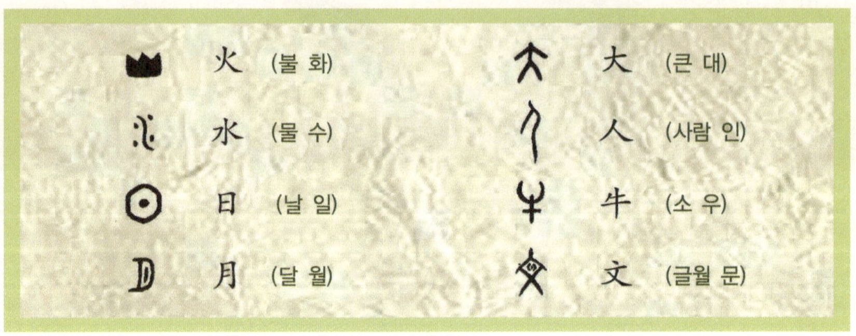

금문의 예

서주시대 중·후기부터 금문의 자형은 선이 분명해지고 직선화되었다.
　전국시기(B.C.476~B.C.256)에는 청동기 외에 도기, 석기, 도장, 화폐, 죽간
이나 비단 등의 다른 재료에도 한자가 출현하였다.

　중국문화와 한자, 두 마리 토끼를 잡아라

| 도기의 한자 | 도장의 한자 | 화폐의 한자 |

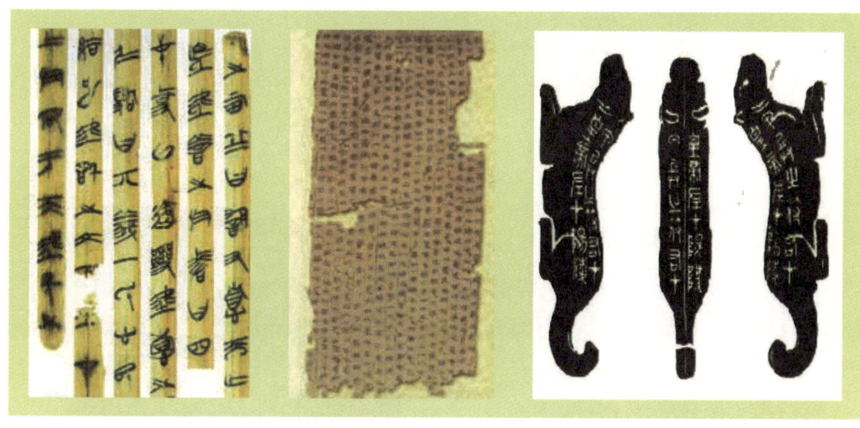

| 죽간의 한자 | 비단의 한자 | 병부1에 있는 소전 |

기원전 221년 진시황秦始皇이 중국을 통일한 후 제齊, 초楚, 연燕, 한韓, 조趙, 위魏 등의 여섯 나라 문자와 진나라 문자가 달랐기 때문에 진시황은 "서동문書同文" 정책을 실행하였다. 승상이었던 이사李斯는 진나라 계통의 문자를 정리하여 표준자체인 소전小篆을 반포하였다. 소전은 고른 타원형이다. '전篆'의 뜻은 관청에서 사용한다는 것인데, 새겨 쓸 수 있고 선이 원만한 자형이다.

갑골문, 금문, 전국문자, 소전은 모두 고문자라고 부르는데, 현대인들이 별도의 공부를 하지 않으면 고문자를 알아보기 매우 어렵다.

---

1 병부(兵符)는 고대 중국의 군주가 명령을 전달하거나 군대를 조정할 때 증거로 삼았던 신표

　소전과 동시대의 문자로 예서隷書도 있다. '예隷'는 노예를 가리키는데, 노역에 종사하는 사람을 말한다. 노예가 관청에서 문서를 쓸 때 소전의 필획과 구조를 개조하여 글을 쓰는 속도를 빠르게 하였다. 이 자형이 바로 '예서'이다. 진秦나라(B.C.221~B.C.206)의 예서는 진예秦隷라고 부른다.

　한나라(B.C.206~220)의 예서는 한예漢隷라고 부르는데, 진예에 비하여 발전한 자형이다.

　예서는 한자 발전사에 있어서 중요한 전환점인데, 이 한자로부터 네모난 형태로 변하고 필획도 체계적이 되어 고문자가 갖고 있던 그림의 성격이 소실되었다.

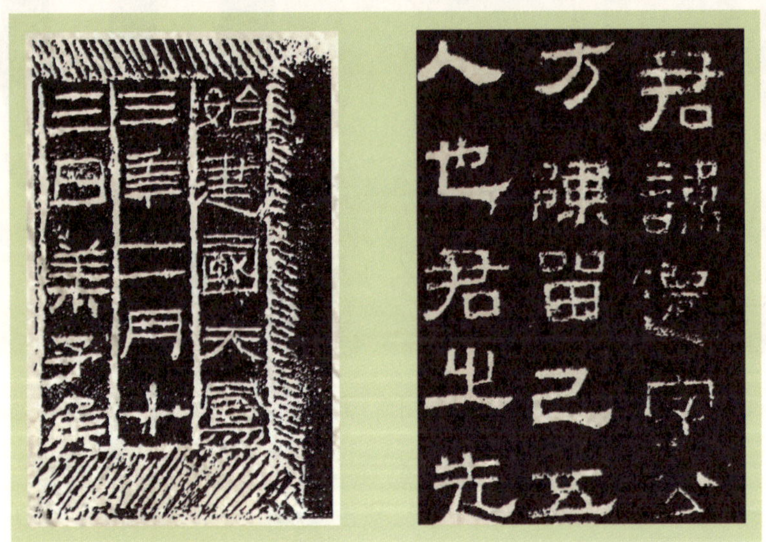

진예, 내자후각석(萊子侯刻石)　　　　　한예, 장천비(張遷碑)

　예서 이후 한위漢魏(206~265) 시대에 해서楷書가 생겨났다. '해楷'는 모범, 표준이라는 뜻이다. 예서와 비교할 때, 해서는 전체 윤곽이 납작한 사각형 모양에서 장방형 모양으로 변하였고 필획도 굴곡을 없앴다.

　해서가 만들어진 후, 한편으로는 정부와 과거제도 등을 통한 문자규범이

있었고 또 다른 한편으로는 인쇄술이 발달하면서 옮겨 쓰는 과정에서 자형
이 변하는 현상을 피할 수 있었기 때문에 지금까지 해서가 사용되고 있다.
한자는 갑골문, 금문, 전국문자, 소전, 예서, 해서 등 다른 자형의 변화 단계
를 거쳐 점차 현재에 이른 것이다.

해서. 고귀언조상기(高歸彦造像記)

한자 자형 변화

3 | 한자의 간략화

한자의 역사는 유구하고 사용된 지역도 광활하며 사용 인구도 많다. 이 때문에 한자로 기록한 전적의 수량도 많고 시간의 폭도 크다. 또한 문헌을 만들기 위해 새기거나 활자를 배치하고 교열하는 등의 여러 원인으로 한자는 현대에 이르기까지 매우 복잡하게 발전해왔다. 한자의 총 글자 수는 많고 이체자가 많으며 어떤 글자의 필획은 너무 많다. 그래서 사람들은 한자를 배우고 구별하여 쓰고 사용하기 어렵다고 느낀다. 이로 인하여 한자를 간략하게 할 필요가 생겨났다.

한자의 간략화는 한자 개혁 중의 하나이다. 여기에는 한자 필획을 줄이는 것과 한자 자수를 줄이는 두 가지를 포함하고 있다. 현대 중국에서 간략화 이후의 한자를 '간화자簡化字'라고 부르고, 이에 대비되는 간략화 이전의 한자를 '번체자繁體字'라고 부른다.

사실 갑골문과 금문에도 간략한 글자가 있었기에 한자 간략화의 역사는 상나라 시대에 이미 시작되었다고 말할 수 있다. 이 이후 거의 대부분의 시기에 간략한 글자체가 계속 생겨났다.

현대 한자의 간략화 작업은 20세기 초에 시작되었다. 전현동錢玄同, 여금희黎錦熙 등의 학자는 이 방면에 큰 노력을 기울였다. 1949년 신중국이 성립된 후에 중국정부는 1950년에 중국문자개혁연구위원회를 세우고 한자간략화 문제를 중점적으로 연구하였다. 1964년 중국국무원은 <간화자총표簡化字總表>를 발표하였고, 1986년에는 수정을 거쳐 <간화자총표>를 다시 발표하였다.

다음에서 번체자와 간화자를 대조해보자.

번체자	간화자	
新年快樂	新年快乐	새해 복 많이 받으세요.
龍鳳呈祥	龙凤呈祥	용과 봉황이 상서로운 기운을 주다.
萬事如意	万事如意	모든 일이 뜻대로 잘 되다.
國際交流	国际交流	국제 교류

현대 중국에서 한자를 간략화한 이후 사람들의 생활과 학습, 업무 등이 크게 편해졌다. 현재 중국대륙에서 표준 글자를 보급하면서, 고적의 출판이나 서예창작 등의 특수한 상황을 제외하고 정식의 간화자를 사용하고 과거의 번체자를 사용하지 않는다. 다만 홍콩이나 마카오, 대만 등에서는 현재까지 여전히 번체자를 사용하고 있다.

제 2 장

한자의 구조

한자는 처음 발명된 이후 현재까지 이미 수천 년의 역사를 가지고 있다. 이 수천 년 동안 한자는 계속 발전 변화하면서 수량이 많아졌다. 그러나 한자는 난잡한 그림과 같은 것이 아니며, 그 구조에는 규칙이 있다. 이 규칙을 알아야 우리는 더 빠르고 정확하며 확실하게 한자를 파악할 수 있다. 심지어 어떤 글자는 우리도 의식하지 못하는 사이 자형에 근거하여 그 의미를 알아낼 수도 있다.

1 아름다운 한자

사람들은 현재까지 한자, 특히 고대 한자는 한 폭의 그림과 같다고 생각하는 경향이 있다. 실제 가장 기본적인 한자는 그림에서 나온 것이어서 상형문자의 특징을 많이 갖고 있다. 다음의 글자를 보자.

人(사람 인)

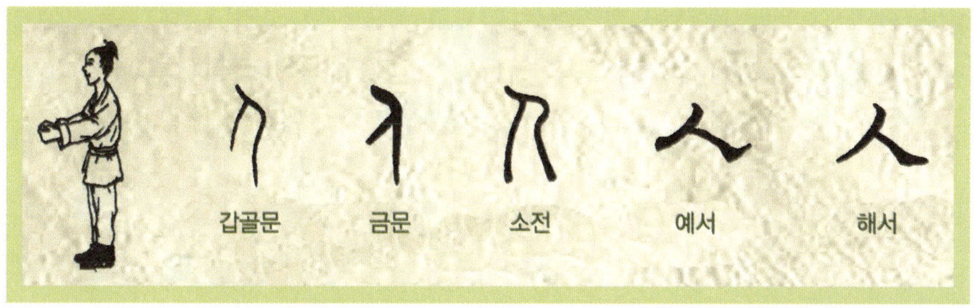

갑골문의 '人'자는 한 사람을 측면에서 바라본 모양을 닮았다. 이 '人'자는 바로 허리를 굽히고 팔을 펴고 노동하는 사람의 모양인데, 바로 고대인의 부지런한 노동이 찬란한 문명을 창조해 낸 것이다. 또 '人'자는 2008년 북경올림픽에서 각종 운동 종목을 나타내는 로고로 쓰였다. 이 로고는 전서 필획을 기본 형식으로 하여 갑골문 등 문자의 상형의식과 현대도형으로 간단하게 만든 특징을 융합한 것이다.

북경올림픽 종목별 로고

이 로고에는 모두 '人'자가 들어있다. '人'은 운동선수이고 여기에 다른 선을 더하여 각 운동 종목의 경기하는 그림을 만들어낸 것이다. 얼마나 기세와 힘이 넘치는가? '人'자는 단지 두 개의 선을 써서 생동감 넘치는 형상을 표현해냈다고 할 수 있는데, 이것이 또한 한자의 지혜이면서 동시에 한자의 아름다움이다.

사람에도 남자, 여자, 노인, 아이처럼 여러 종류가 있는데, 한자는 어떻게 이런 사람을 기록하는가?

女 (계집 녀)

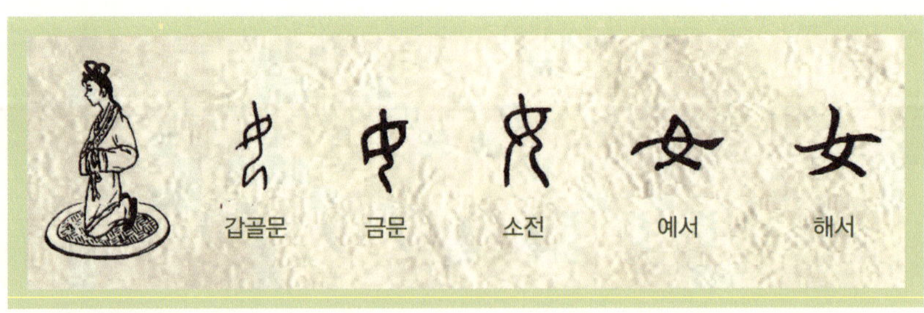

‘女’의 고대 자형은 온순한 여인이 바닥에 무릎을 꿇고 앉아 있는 모양인데, 고대 중국사람들은 바닥에 자리를 깔고 그 위에 꿇어앉았었다. 두 손을 가슴 앞에 교차해두었는데, 이것은 고대 중국 사회에서 여성의 지위가 낮았다는 것을 표현해 낸 것이다.

子 (아들 자)

갑골문의 ‘子’는 머리가 큰 어린이가 손을 뻗어 자신을 안아달라고 하는 모양이다. 위 부분의 ‘ㅇ’은 아이의 머리를 본뜬 것인데, 아이를 어른과 비교해보면 신체에서 머리가 차지하는 비중이 크기 때문에 아이의 머리를 두드러지게 만든 특징이 있다. 아래 부분의 ‘ㅂ’은 두 팔을 펼치고 있는 아이의 몸을 나타낸다.

한자에서는 간단한 선을 원활하게 운용하여, 적은 필획을 가지고 많은 한자를 만들 수 있다. 가령, ‘刀’는 사람들이 사용하는 도구이면서 무기이다.

刀 (칼 도)

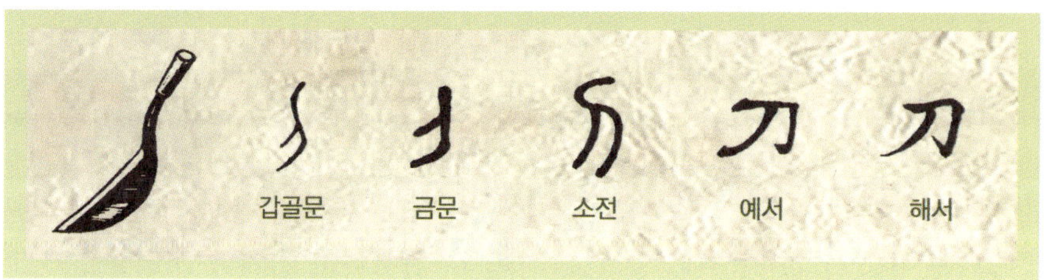

‘刀’자는 옛날 칼의 형상을 본뜬 것이다.

한자의 선은 매우 간단하지만 사물의 특징을 잘 잡아내고 있다.

‘♉’는 고대의 ‘牛’자로, 정면에서 본 소 머리의 모양이다. ‘♈’은 고대 ‘羊’자로, 정면에서 본 양 머리의 모양이다. 이 두 글자의 차이는 뿔의 형상이 다르다는 것이다. 이처럼은 고대 중국인은 소의 뿔은 직선이고 양의 뿔은 굽어 있다는 것에 주목하였다. 물론 여기서 가리키는 것은 면양이다. 서로 다른 형상의 뿔로 ‘牛’자와 ‘羊’자를 만들어낸 것이다.

이렇게 한자는 간단한 선을 사용하여 우리에게 풍부한 세계를 명확하게 묘사해내었다. 몇 가지 예를 더 살펴보자.

‘♌’는 고대의 ‘牙’(어금니 아)자인데, 윗니와 아랫니가 교합된 것을 측면에서 아래로 내려 본 모양을 본뜬 것이다.

‘♏’는 고대의 ‘車’(수레 거)자인데, 수레바퀴와 수레축 그리고 수레에서 사람이 타는 부분이 갖추어져 있다.

‘♐’는 ‘舟’(배 주)자인데, 강에 다니는 작은 배를 닮았다.

‘♑’는 ‘犬’(개 견)자인데, 개를 나타낸다. 가장 분명한 특징은 길고 말려 올라간 꼬리인데, 이는 강아지의 말린 꼬리 모양을 본뜬 것이다.

‘♒’는 개를 나타내는가? 말린 꼬리가 없고 큰 복부가 보인다. 이것은 개가 아니고 ‘豕’(돼지 시)자이며, 돼지를 뜻한다.

‘♓’는 ‘馬’(말 마)자인데, 말의 큰 머리와 튀어나온 갈기와 꼬리를 가지고

있다.

'〔그림〕'는 긴 코를 볼 수 있으니 무엇인지 알 수 있지 않은가? 이것은 '象'(코 끼리 상)자이다.

'〔그림〕'는 밭에서 자라는 보리의 싹이다. 이것은 '禾'(벼 화)자이다.

'〔그림〕'는 큰 조개를 닮지 않았는가? 이것은 '貝'(조개 패)자이다.

그렇다면 한자는 모두 이처럼 신기한가? 한자는 모두 그림으로 그릴 수 있는가? 또 그렇다면 많은 다른 한자들은 어떻게 만들어진 것인가? 사실 위에서 살펴본 것은 기초적인 한자이고 수많은 한자는 모두 여기에서 출발하여 만들어진 것이다.

2 | 간단한 것에서 복잡한 것으로

이천여 년 전 중국의 철학자 노자老子는 "道가 하나를 만들어내고, 하나에서 둘이 생겨나고 둘에서 셋이 생겨나고 셋이 만물을 만들어낸다."라고 하였다. 이 말은 무궁한 사물은 간단한 몇 가지 원소로 구성되어 있다는 것을 뜻한다. 한자 또한 그렇다. 처음 간단한 글자만 있었는데, 다시 이들로부터 복잡한 글자가 만들어졌다. 이렇게 하여 한자는 적은 수에서 끊임없이 계속 많아지게 되었다.

'人'자의 경우, 두 개의 '人'자가 함께 있는 것이 '从'(從, 따를 종)2자이다. '从'자를 보면 한 사람이 다른 한 사람의 뒤를 따르는 것이므로, 이 글자는 '따라가다'를 나타낸다.

세 개의 '人'자가 함께 있는 것이 '众'(衆, 무리 중)3자이다. 고대 중국에서 셋이나 셋의 배수는 '매우 많다'는 뜻을 나타내므로, '众'은 '많은 사람'을 나타낸다.

'人'과 '山'이 함께 있는 것이 '仙'(신선 선)자이다. 전설 속의 신선을 뜻하는데, 이들은 항상 깊은 산 속에 있다.

'人'과 '言'이 함께 있는 것이 '信'(믿을 신)자이다. '言'은 '말하다'는 뜻이므로, '信'은 사람의 말은 진실해서 다른 사람이 믿도록 해야 함을 나타낸다.

---

2 '从'자는 '從'(따를 종)자의 옛글자이며, 또한 현대중국에서 쓰는 간화자이기도 하다. 간화자를 만들 때 고문자를 이용한 경우에 속한다.

3 '众'자는 '衆'(무리 중)자의 옛글자이며, 현대중국의 간화자이다. 이는 바로 위에서 말한 '从'과 '從'의 관계와 마찬가지이다.

  '人'과 '木'이 함께 구성된 것이 '休'(쉴 휴)자이다. 사람이 나무에 기대어 있는데, '휴식'을 뜻한다.

  '人'은 또한 많은 글자를 구성할 수 있다. 가령, '伸'(펼 신), '住'(살 주), '做'(지을 주), '作'(지을 작) 등은 사람의 행위를 나타내고, '他'(다를 타),4 '你'(너 니), '伊'(저 이), '仔'(어린새끼 자) 등은 사람의 호칭을 나타내며, '仰'(우러를 앙), '健'(튼튼할 건), '停'(머무를 정) 등은 사람의 상태를 나타내는 것이 그 예이다. 통계에 의하면, '人'으로 만들어지는 글자는 수백여 개가 있다고 한다.

  사람을 나타내는 다른 유형의 한자 또한 여러 글자를 만들 수 있다. 가령, '女'자는 '媽'(엄마 마), '姐'(아가씨 저), '妹'(누이 매), '奶'(할머니 내), '婆'(할미 파), '姑'(시어머니 고), '娘'(아가씨 랑) 등을 만들 수 있는데, 이러한 글자는 모두 여성과 관련이 있다.

  중국에는 "항아분월嫦娥奔月(항아가 달로 달아나다)"이라는 멋진 전설이 있다. 항아라는 아름다운 아가씨가 있었는데, 신선의 약을 먹고 달나라로 날아가서 달나라 선녀가 되어 달나라에 있는 궁에 살고 있다고 한다. 그녀의 이름은 '嫦娥(항아)'인데, 이 두 글자는 모두 '女'를 써서 만들어낸 것이다. 항아는 또한 아름다운 여성의 화신이 되었다.

  '子'로 구성된 한자의 경우, '孩'(어린아이 해)는 아이를 나타내고, '孫'(손자 손)은 손자를 나타내며, '孤'(외로울 고)는 부모를 잃은 아이를 뜻하며, '孝'(효도 효)는 아이가 어른을 존경

항아가 달나라로 날아가는 모습

---

4 '他'는 현대중국어에서 3인칭 대명사로 쓰인다.

해야함을 나타낸다.

　이상은 사람을 나타내는 글자인데, 사물을 나타내는 글자는 더 많다. 가령, 앞에서 보았던 '刀'자는 칼의 모양을 본뜬 것인데, 후에 글자의 오른쪽에 쓰이면서 '刂'(칼도 방)로 변하였다. '冊'(책 책)자는 고대 중국에서 묶여있는 죽간을 본뜬 것인데, 이 당시의 한자는 죽간에 썼기 때문에 만약 잘못 쓰게 되면 칼로 잘라내야 했다. 이 때문에 '冊'과 '刂'이 함께 구성한 '刪'(깎을 산)자는 '없애다, 제거하다'는 뜻을 나타낸다. 지금은 종이에 쓴 글자는 지우개나 수정액으로 지우고 컴퓨터로 타자를 잘못한 글자는 키보드를 눌러 지우면 되는데, 이것이 모두 '刪'의 뜻이다. 컴퓨터상에서 잘못 쓴 글자를 지우는 자판인 delete key를 중국어로는 '刪除鍵'(shānchújiàn)이라고 부른다. 또 '禾'자는 땅에서 생산되는 농작물을 나타낸다. 이 '禾'와 '刂'가 '利'(날카로울 리)자를 만드는데, 이 글자의 본래 의미는 '칼로 농작물을 수확하다'이다. 이러한 칼은 예리한 것이므로 '利'자는 '예리하다'는 뜻을 나타낸다. '刃'(칼날 인)자는 칼을 뜻하는 '刀' 위에 점 하나를 그린 것으로 칼날을 나타낸다. '切'(끊을 절)자는 수박을 자르거나 케이크를 자른다는 말에 쓰이는데 '刀'가 없어서는 안 된다. '剪'(자를 전)자는 자르는 도구이고, '削'(깎을 삭)은 과일을 깎거나 연필을 깎는다는 말에 쓰이는데, 당연히 칼을 사용해야 한다. '割'(나눌 할)은 칼로 어떤 물건을 자르거나 베는 것을 나타내며, 중국어에서 농작물을 '거두다'는 말을 할 때 '收割'(shōugē)라고 쓴다.

　또 '犬'(개 견)은 개의 모양을 나타낸 것이라고 말한 바 있다. 이것을 어떤 글자의 왼쪽에 쓸 때에는 '犭'(개사슴록 변)으로 쓴다. 고대에 사람들은 이것이 모든 동물을 대표하는 것으로 사용하여, '犭'를 포함하여 동물을 나타내는 많은 글자를 만들어내었다. 가령, '猪'(돼지 저), '狗'(개 구), '猫'(고양이 묘), '狼'(이리 랑), '猴'(원숭이 후) 등이 그 예이다.

　이처럼 한자는 간단한 것에서 복잡한 것으로, 소수의 기본 한자에서 방대한 체계를 갖추는 쪽으로 발전했다. 이렇게 한자를 구성하는 기본단위를 '부건部件'5이라고 한다. 가령, '仙'은 'イ'과 '山'의 두 부건으로 구성되며 '信'은 'イ'과 '言'의 두 부건으로 구성되고 '衆'의 현대 간화자인 '众'은 세 개의 '人'자를 부건으로 하여 구성된 것이다.

　이처럼 두 개 혹은 두 개 이상의 부건으로 구성된 글자를 '합체자合體字'라고 부르는데, 이는 여러 부건이 합해져서 된 글자라는 뜻이다. 이와 달리 '人', '女', '子'처럼 하나의 부건만으로 된 글자는 '독체자獨體字'라고 부르는데, 이는 단독의 부건 하나로 구성되었다는 뜻이다. 대부분의 한자는 합체자이다. 그렇다면 독체자는 어떻게 나온 것인가? 부건은 어떻게 합체자를 구성하는 것인가? 여기에는 어떤 규칙이 있는 것인가? 사실 독체자이든 합체자이든 한자에는 글자를 만드는 방법이 있기 때문에 이들의 자형은 모두 분석하여 이해할 수 있다.

---

5 부건(部件)은 '부속요소'라는 뜻으로 현대 중국의 한자학에서 사용하는 용어이다. 언어학에서 최소의 문법단위를 형태소라고 하는 것처럼 의미를 담고 있는 문자의 최소단위를 지칭한다. 과거 문자학에서 사용하던 부수보다 더 세분되므로 부건의 수가 부수의 수보다 더 많다.

3 | 한자의 조자 방법

한자는 일정한 형식에 의해 만들어진 것이다. 한자의 수는 수만 자에 이르지만 이들이 결코 난잡하고 무질서한 것이 아니며 규칙적인 구조를 가지고 있다. 한자를 만든 방법을 조자방법이라고 부른다. 중국의 한나라 때부터 시작하여 사람들은 한자를 만든 방법을 기준으로 한자를 분석하기 시작했다. 중국의 첫 번째 자전인 ≪설문해자說文解字≫가 바로 이것이다. 이러한 한자 조자방법을 이해함으로써 우리는 한자의 체계를 명확하게 이해할 수 있다.

한자의 조자방법으로는 상형象形, 지사指事, 회의會意, 형성形聲 네 가지가 있다. 아래에서는 이를 하나씩 소개하기로 한다.

1. 상형

앞에서 언급했던 것처럼, '刀, 牛, 羊, 牙' 등의 한자는 그림으로부터 변한 것이다. 이러한 한자는 직접 사물의 형상을 묘사하였는데, 이 조자방법을 '상형'이라고 부르고 이 방법으로 만들어낸 한자가 상형자이다. 상형자는 주로 자연계나 생활에 쓰이는 구체적인 사물을 나타내며, 이들이 한자의 기초를 구성한다. '문자文字'라는 말에 쓰이는 '文'은 원래 문신한 사람의 모습을 본뜬 것으로, 그림과 같은 무늬를 뜻한다. 앞에서 말했던 것처럼 인체, 도구, 자연, 동물을 나타내는 한자는 모두 상형자이다. 또 다음 예를 보자.

'朼', 이는 사거리를 본뜬 것인데, 후에 '行'(거리 항)자로 변했으며, '길'을 나타낸다. '行'은 독음이 '행'으로도 읽는데, '가다'는 뜻이다. '가다'는 것은 길이 있어야만 하는 것이다.

'⊞'은 '田'(밭 전)자인데 밭을 본뜬 것이다.

'井'은 '井'(우물 정)자인데, 옛날 사람들이 항상 우물의 입구 주위에 난간을 설치했는데, 바로 이 모양이다.

'几'은 '几'(안석 궤)자인데 찻상을 본뜬 것이다.

후에 한자를 현대중국의 간화자로 써도 여전히 상형자의 흔적이 남아있는 것이 있다. 가령, '飛'(날 비)의 간화자인 '飞'는 새가 날개를 펼친 옆모양을 본뜬 것이고, '龜'(거북 구)의 간화자인 '龟'는 머리와 꼬리를 흔드는 거북이 모습이고, '傘'(우산 산)의 간화자인 '伞'은 우산을 펼친 모양이다.

2. 지사

상형자를 만들어낸 후 다른 글자를 만들기는 용이하게 되었다. 가령, '刃' (칼날 인)은 칼날을 나타내야 하는데, '刀'자 위에 점 하나를 더해서 돋보이 게 하기만 하면 된다. '木'은 나무를 나타내는데, 원래는 '✳'로 썼다. 그렇다 면 나무의 뿌리는 어떻게 나타낼 것인가? '木' 아래에 가로획을 하나 더해서 두드러지게 하면 된다. 이것이 바로 '本'자이다. 지금 우리는 항상 '근본根本' 이라는 말을 쓴다.

이러한 조자방법을 '지사'라고 부르며, 이렇게 만들어낸 한자가 지사자이 다. 한자 중에서 지사자에 속하는 글자의 수량은 매우 적다. '刃'과 '本' 외 에, '木' 위에 가로획을 하나 더하여 나무의 가지를 나타낸 것이 '末'(끝 말) 자이다. '⚌'는 숫자 '二'가 아니고, '⎯' 위에 '‐'를 더한 것으로 '上'자 이다. 만약 '‐'를 '⎯' 아래에 두면 이것은 '下'자가 된다. '⊟'은 입속에 맛있는 음식을 넣은 것으로 '甘'(달 감)자이며 '맛있다'는 뜻이다. '♀'는 '母' 자인데 어머님의 젖가슴을 부각시킨 것이다.

3. 회의

상형자와 지사자는 독체자이며, 그 수량이 그다지 많지 않다. 그러나 앞에
서 말한 바와 같이 이들은 한자 체계의 기초이며 다른 글자의 부속요소로 변
하여 새로운 합체자를 만들 수 있기 때문에 매우 중요하다. 합체자는 수량이
독체자보다 훨씬 많다. 합체자에는 두 종류가 있는데, 그 중 하나가 회의자
이다.

숲

앞서 설명한 바와 같이, '人'자를 두 개
나란히 두면 '从'(從)인데 '人' 하나가 다른
'人'의 뒤에 있어서 따라간다는 것을 나타
낸다. '人'자 세 개가 함께 쓰이면 '众'(衆)
인데, 매우 많은 사람을 뜻한다. 또 '木'자
두 개가 함께 쓰이면 '林'(수풀 림)인데 많
은 나무를 나타낸다. '木'자 세 개가 함께
있으면 '森'(나무 빽빽할 삼)인데 더 많은
나무를 나타내어 '삼림'의 뜻이 된다.

이러한 글자에 쓰인 부속요소는 모두 그 글자와 관련이 있는 뜻을 나타낸
다. 이러한 조자방법을 회의라고 하는데, "글자의 부속요소의 뜻을 합하다"
라는 뜻이다. 이렇게 만들어진 한자가 회의자이다. 상형자나 지사자를 정태
적인 그림이라고 한다면, 이 그림이 함께 있어서 움직이는 그림을 만들게 된
다면 이것이 바로 회의자이다.

사실 '字'는 회의자인데, 위에 쓰인 '宀'은 '방'을 나타내고 아래의 '子'는
아이를 나타낸다. '字'자는 처음 출산(아이가 방에서 태어나다)이나 번식을
뜻했다.

또 가령, '休'(쉴 휴)자에서 '人'과 '木'이 묘사하고 있는 것은 사람과 나무
의 모양이라고 말한 적이 있다. 이 두 가지가 함께 있으면 한 사람이 나무에

기대어 휴식을 취하고 있는 것으로 '휴식'하고 있는 장면을 나타낸다. '保'(지킬 보)자는 옛 글자에 ''라고 썼는데, 이는 한 사람이 한 아이를 안고 있는 것으로, 아이를 돌보는 장면이다. 이 글자는 원래 아이를 돌보다는 뜻이다. 지금도 아이를 돌봐주는 일을 도와주는 사람을 '보모保姆'라고 부른다.

保

'男'(사내 남)자에 쓰인 '力'은 원래 ' '로 썼는데, 이것은 밭갈이에 쓰는 도구이며 농사일을 대표한다. 고대 중국의 밭에서 노동하는 사람이 남자였기에 이것이 '男'자가 되었다.

'坐'(앉을 좌)에는 두 개의 '人'이 '土' 위에 앉아있다.

'淚'(눈물 루)자의 현대중국의 간화자는 泪인데, 이 글자의 '[illegible]washed'는 물이며, '目'은 눈이다. 눈에서 물을 흘러내리면, 이것이 눈물인 '泪(淚)'가 된다.

'初'(처음 초)의 '衤'는 '衣'가 변해서 된 것으로 옷을 뜻한다. '刀'가 함께 있으면 원래는 "칼을 이용하여 의복을 재단하기 시작하다"는 뜻을 나타낸다. 지금 이 한자에는 모든 경우의 '시작'을 나타내는 뜻이 있다.

'鳴'(울 명)은 새가 주둥이로 노래를 부르는 것인데, 새가 울다는 뜻을 나타낸다.

회의자를 써서 뜻을 나타내면 간단하고도 명확해서 한 번 보면 바로 이해

하게 된다. 이 때문에 현대의 새로운 글자를 만들 때에는 항상 회의의 방법을 사용한다. 가령,

‘卡’(꼭 끼일 잡)자는 위로도 아래로도 갈 수 없이 꽉 막힌 것이다.

‘滅’(멸망할 멸)의 간화자인 ‘灭’에서, ‘一’은 덮개의 모양을 본뜬 것으로 덮개로 위를 덮어서 불을 끄는 것이 바로 ‘灭’이다.

어떤 회의자는 더 간단해서 그 글자를 만들어내는 글자를 읽을 수만 있다면 그것이 바로 그 한자의 뜻이다. 가령, ‘歪’(비뚤 왜)는 ‘不正(옳지 않음)’의 뜻이고, ‘甭’(쓰지 않을 용)은 ‘不用’의 뜻이며, ‘塵’(티끌 진)의 간화자인 ‘尘’은 먼지의 뜻이니 바로 ‘小土’라고 할 수 있다.

4. 형성

회의자의 부속요소는 모두 뜻을 나타낸다. 또 다른 합체자에서는 그 부속요소 중의 하나는 뜻을 나타내고 다른 부속요소는 글자의 독음을 나타낸다. 가령, ‘伸’(펼 신)자에서 ‘亻’은 이 글자의 뜻이 사람과 관련이 있음을 나타내고 ‘申’은 이 글자의 독음이 ‘신’임을 나타낸다. ‘奶’(젖 내)자에서 ‘女’는 이 글자가 가리키는 것이 여성임을 나타내고 ‘乃’는 이 글자의 독음이 ‘내’임을 나타낸다. 이러한 조자방법을 형성이라 부르며 이 방법으로 만들어진 한자를 형성자라고 하는데, 형성은 합체자의 주요한 유형에 속한다.

형성자에서 ‘伸’자의 ‘亻’이나 ‘奶’자의 ‘女’처럼 뜻을 나타내는 부속요소를 ‘형방形旁’이라고 한다. 또 ‘伸’자의 ‘申’이나 ‘奶’자의 ‘乃’처럼 독음을 나타내는 부속요소를 ‘성방聲旁’이라고 한다.

어떤 형방의 경우 지금 우리가 볼 때는 이상하게 생각되는 것도 있다. 가령, ‘財’(재물 재), ‘賬’(장부 장), ‘貨’(재화 화) 등은 돈과 관련이 있는 뜻을 나타내는데 왜 형방이 ‘貝’인가? 앞서 살펴본 것처럼 ‘貝’는 원래 ‘𦉰’라고 써서 조개를 나타내었다. 그런데 고대에 조개를 돈으로 사용했기 때문에 돈

과 관련된 한자에서는 '貝'를 형방으로 쓰게 된 것이다.

　이밖에 대다수 형성자의 성방은 현대중국어 발음을 기준으로 할 때 전체 한자의 발음과 비슷하기는 하지만 완전히 일치하는 않는 것이 있다. 가령, '馬'(mǎ)와 '嗎'(ma), '媽'(mā)와 '罵'(mà)의 현대중국어 성조는 다르다. '羊'(yáng) 과 '祥'(xiáng), '詳'(xiáng)의 현대중국어 성모가 다르다. '申'(shēn)과 '坤' (kūn)의 현대중국어 성모와 운모는 모두 다르다. 따라서 성방은 우리들이 한자의 독음을 읽어내는 것을 도와줄 수는 있지만 모든 형성자가 성방의 독음을 통해 읽어낼 수 있는 것은 아니다. 만약 우리가 성방은 독음을 정확하게 제시해준다는 원칙을 고집한다면 우스운 일이 많이 발생할 수 있다. 수천 년 동안 중국어 발음은 크게 변했기 때문에 고대인들이 쓰던 성방은 오늘날에 효력이 없어졌기 때문이다.

　형성으로 조자하는 방법은 한자의 의미를 나타낼 수 있고 또 동시에 한자의 독음을 나타낼 수 있어서 매우 편리하다. 따라서 후대 대부분의 한자는 이 방법으로 만들어졌다.

　이 규칙을 알면 잘 모르는 한자에 대해 음과 뜻을 추측해볼 수 있다. 물론 한자의 음과 뜻을 분명하게 알려면 자전을 찾거나 다른 사람에게 물어보아야 한다.

　부속요소 중에는, 어떤 한자에서는 의미를 나타내고 다른 한자에서는 독음을 나타내는 경우가 있다. 가령, '騎'(말 탈 기), '驢'(나귀 려), '駕'(멍에 가), '駛'(달릴 사)에서 '馬'는 형방으로 이 글자가 말과 관련된 뜻임을 나타내지만, '嗎'(꾸짖을 마), '媽'(어미 마), '罵'(욕할 매), '碼'(마노 마)에서 '馬'는 성방으로 이 글자가 '마'와 비슷한 독음을 가졌음

결혼식 때 신부가 타는 가마

을 나타낸다.

　형성자의 어떤 부속요소는 의미를 나타내기도 하고 독음을 나타내기도 할 때가 있다. 가령, '娶'(장가들 취)는 "여자를 맞이하여 결혼하다"라는 뜻인데, 여기에 쓰인 '取'는 '맞이하다'는 뜻과 동시에 이 글자의 독음이 '취'라는 것을 나타낸다.

　상형자와 지사자는 독체자이면서 동시에 다른 한자의 부속요소가 되어 회의자나 형성자 같은 합체자를 구성할 수 있다. 수많은 한자는 이처럼 상형, 지사, 회의, 형성이라는 네 가지 방법으로 만들어진 것이다.

4 | 한자의 기본 필획

어떤 한자는 그림에서 변해온 것이어서 한자가 마치 한 폭의 그림과 같다고 생각할 때가 있다. 그렇다면 한자를 쓰는 것이 바로 그림을 그리는 것인가? 물론 그렇지 않다. 그림을 그릴 때에는 직선이건 곡선이건 아무런 관계가 없으며, 어떤 획을 먼저 그리고 어떤 획을 나중에 그리건 관계없이 그저 비슷하게 그리면 될 뿐이다. 그러나 한자를 쓰는 것은 그렇지 않다. 반드시 규칙을 지켜서 일정한 순서에 따라야 한다. 그렇다면 한자를 어떻게 써야하는 것인가?

먼저 알아야할 것은, 한자는 선의 단순한 모음이 아니라 한 획 한 획 순서에 따라 써내는 것이라는 점이다. 붓을 대기 시작해서 붓을 멈출 때까지가 하나의 필획이다. 한자의 수량은 그렇게 많지만 기본필획은 여섯 가지 종류만으로 설명할 수 있다. 기본필획은 그 종류마다 고유의 이름이 있다.

‘ㅡ’ 이것은 ‘橫’(횡 : 가로획)이라고 부른다.
‘丨’ 이것은 ‘竪’(수 : 세로획)라고 부른다.
‘丿’ 이것은 ‘撇’(별 : 왼쪽으로 삐침)이라고 부른다.
‘丶’ 이것은 ‘點’(점 : 점)이라고 부른다.
‘乀’ 이것은 ‘捺’(날 : 우로 삐침)이라고 부른다.
‘㇀’ 이것은 ‘提’(제 : 위로 끌어올림)이라고 부른다.

아래에서 몇 가지 한자의 필획을 살펴보도록 하자.

人 : ノ(왼쪽으로 삐침), ㇏(우로 삐침)

女 : ㇜(왼쪽으로 삐침에서 점), ノ(왼쪽으로 삐침), 一(가로획)

刀 : ㄱ(가로획에서 꺾고 갈고리), ノ(왼쪽으로 삐침)

目 : ㅣ(세로획), ㄱ(가로획에서 꺾음), 一(가로획), 一(가로획), 一(가로획)

水 : ㅣ(세로획에서 갈고리), ㄱ(가로획에서 왼쪽 삐침), ノ(왼쪽 삐침), ㇏
  (우로 삐침)

이 여섯 가지 필획은 한자의 기본필획인데, 한자를 쓸 때 필획을 조합해서 쓸 때가 있다. 이처럼 조합된 필획을 '파생필획'이라고 부른다. 가령, 'ㅣ'는 '水'자를 쓸 때 작은 갈고리를 더하게 되고, '一'과 'ㅣ'을 함께 조합하면 'ㄱ'가 된다. 통계에 의하면 이러한 파생필획에는 모두 25종이 있다. 몇 가지 예를 살펴보자.

'一' + 'ㅣ' → 'ㄱ'(가로획에서 꺾음). 이는 '日'의 두 번째 필획이다.

'ㅣ' + '㇀' → 'ㄴ'(세로획 위로 끌어올림) 이는 '民'의 세 번째 필획으로, 세로획에서 오른쪽 방향으로 끌어올린 것이다.

'ノ' + '㇏' → '㇜'(왼쪽으로 삐침에서 점) 이는 '女'자의 첫 번째 필획으로, 왼쪽으로 삐침과 점이 조합된 것이다.

'㇏' → '㇂'(비스듬한 갈고리)는 '我'의 다섯 번째 필획인데, 우로 삐침을 아래로 향하게 쓰지 않고 오른쪽 위쪽으로 조금씩 들어 올려 쓴 것이다.

어떤 복잡한 한자라도 끝까지 분해해보면 여러 가지 필획으로 이루어진다. 다음 두 가지를 더 살펴보도록 하자.

夜(밤 야) : ㇏(점), 一(가로획), ノ(왼쪽으로 삐침), ㅣ(세로획), ノ(왼쪽으로 삐
  침), ノ(가로획에서 왼쪽으로 삐침), ㇏(점), ㇏(우로 삐침)

病(병 병) : ㇏(점), 一(가로획), ノ(왼쪽으로 삐침), ㇏(점), ㇀(위로 끌어올림),
  一(가로획), ㅣ(세로획), ㄱ(가로획에서 꺾고 갈고리), ノ(왼쪽으

로 삐침), ヽ(점)

　주의할 것은, 한자를 쓸 때 그림 그리듯이 자유로울 수 없다는 점이다. 한자의 필획을 마음대로 늘이거나 줄일 수 없으며, 멋대로 위치를 바꾸거나 변형시킬 수 없다. 가령, '刀'에 'ヽ'을 더하면 '刃'자로 변하는 것이며, '目'에서 '一'를 빼면 '日'자로 변한다. 'ヽ'이 '大'의 오른쪽 위에 있으면 '犬'자이고 '大'의 아래에 있으면 '太'자이다. '午'자에서 'ㅣ'가 위로 튀어나오면 '牛'자가 되고, '땅'을 나타내는 '土'자를 쓸 때 부주의하여 아래 가로획이 위 가로획보다 짧게 되면 '戰士(전사)'라는 말의 '士'(선비 사)자로 변하게 된다.

　또 주의할 것은, 합체자에서 부속요소의 위치가 바뀌면 글자도 달라진다는 점이다. 가령, 呆(어리석을 태)－杏(살구나무 행), 陪(쌓아올릴 배)－部(거느릴 부)가 그 예이다.

　필획의 방향은 규정에 따라 아래에서 위로, 왼쪽에서 오른쪽으로 가는 것이며 반대방향으로 써서는 안 된다. 그밖에 한자를 쓸 때에는 어떤 획을 먼저 쓰고 어떤 획을 뒤에 쓸 것인지에 주의해야 한다. 그림을 그릴 때에는 사람의 입을 나타내는 원을 한 획으로 그릴 수 있지만, 한자를 쓸 때에는 '口'의 경우 먼저 세로획을 쓰고 그 다음 가로획에서 꺾음을 쓰고 마지막으로 가로획을 써야 한다. 이와 같은 필획의 선후 순서를 '필순'이라고 한다. 한자의 필순에는 '위를 먼저 아래를 나중에', '왼쪽을 먼저 오른쪽을 나중에', '가로획을 먼저 세로획을 나중에' 등의 규칙이 있는데, 필순을 어기는 것을 '도필 倒筆'이라고 한다. 가령, '回'자를 쓸 때 밖의 '冂'를 먼저 쓰고 그 이후 안의 '口'를 쓴 후 마지막으로 밖의 아래쪽 가로획인 '一'를 써야한다. 또 '山'은 중간의 'ㅣ'을 먼저 쓰고 그 이후 양쪽의 필획을 쓴다. 필순의 규칙에 따라 한자를 쓰는 것은 전체 글자의 짜임새가 균형이 잡히고 아름답게 하려는 것이다.

　결론직으로, 한자는 모든 필획을 규칙에 따라 써나가야 한다. 한사는 이러

한 필획의 조합을 통하면 풍부하고 다양한 세계를 표현해 내서 한자에 지혜
가 가득할 수 있게 된다.

　이처럼 한자는 최초의 간단한 글자에서 후대의 복잡한 한자를 조합해 내
었다. 수천 년의 세월 속에서 한자는 끊임없이 많아져서 오늘날의 규모에 이
른 것이다. 한자의 수량이 비록 많지만 그 구조에는 규칙이 있는 것이다. 아
무리 복잡한 한자일지라도 필획에 따르면 분명하게 쓸 수 있다.

제 3 장

한자와 자연

자연의 힘은 강한 것이며, 인류의 생존과 밀접한 관련이 있다. 고대 중국인들은 자연에 대한 관찰과
인식을 한자의 자형 속에 융합되어 들어가도록 하였다.

1 한자와 천문

고대 중국인들은 매우 일찍부터 하늘의 모습에 관심을 기울였다.

天 (하늘 천)

갑골문 자형의 윗부분에 있는 '口'는 사람의 머리를 나타낸다. 갑골문에서는 곡선을 새겨 넣기가 쉽지 않았기 때문에 둥근 머리를 사각형으로 새겨 넣었다. 아랫부분의 '大'는 정면을 바라보고 서있는 사람을 본뜬 것이다. 이 글자는 특별히 사람의 머리를 부각시켰으므로 '天'의 본래 의미는 머리꼭대기이다. 소전체에 와서 윗부분의 네모가 선으로 되어 가로선 하나로 변하였다. '天'의 뜻은 사람 머리 위의 하늘이다.

하늘에는 어떤 것들이 있는가?

해는 사람의 육안으로 볼 수 있는 제일 큰 천체인데, 우리에게 빛과 열을 준다. 고대 중국인은 해를 '日'이라고 불렀다.

日 (해 일)

'日'의 옛글자는 태양의 형상을 본뜬 것으로 그 가운데 있는 작은 점은 태양이 빛을 내는 물체임을 나타낸다.

중국고대에 "后羿射日"(후예사일 : 후예가 해를 쏘다)이라는 이야기가 전해온다. 전설에 따르면, 하늘에는 원래 10개의 해가 있어서 대지가 너무 더웠고 사람들이 정상적으로 생활할 수 없었다. 후예라고 부르는 한 영웅이 아홉 개의 해를 활로 쏘아 떨어뜨려서 하늘에 하나의 해만이 남았다. 이로 인하여 사람들은 마침내 정상적인 생활을 할 수 있게 되었다.

해가 떠오르면 낮이 오고 해가 떨어지면 낮이 끝났음을 나타낸다. 이 때문에 '日'은 해를 나타내면서 또한 '낮'을 나타낸다. 가령, '日日夜夜'(일일야야 : 밤낮으로)가 그 예이다.

후예가 해를 쏘다

후에 '日'은 '今日', '明日'에서처럼 '만 하루'의 시간을 나타내게 되었다.

'日'이 편방으로 쓰여 다른 한자를 구성할 수 있다. '日'로 이루어진 글자는 대부분 해와 관련이 있다. 가령,

旦 (아침 단)

'⚘'은 6천 년 전의 도기에 쓰인 부호인데, 중국 중원지대의 사람들이 새벽에 산봉우리 사이에서 해가 올라오는 형상을 본뜬 것이다. 갑골문 '旦'자의 위쪽 '⬭'은 해를 나타내고 아래쪽 '⬭'은 대지를 나타낸다. 이 뜻은 해가 막 땅 위로 올라온 것으로 '동이 트다'를 나타낸다.

春 (봄 춘)

'春'의 갑골문 자형에는 풀과 해가 있고 또 '屯'이 있다. 봄에는 햇볕이 매우 따뜻해서 초목이 생장하고 무성해진다. '屯'은 어린 새싹이 막 자라난 모양을 본뜬 것인데, 윗부분의 작은 원은 배아의 형상을 본뜬 것이다. 햇볕과 초목, 새싹이 함께 봄의 특징을 나타내었다.

해가 서쪽으로 지면 날이 어두워지고 달이 떠오른다. 고대 중국인들은 달이 일정한 주기로 기울었다 차며 또 다시 기운다는 것을 관찰하였다. 그런데 만약 원형의 보름달로 '月'자를 만들면 '日'의 자형과 구별하기 어려워진다. 이 때문에 고대인들은 초승달의 형상을 선택했다.

月 (달 월)

앞의 제2장에서 '항아가 달로 달아 나다.'는 이야기를 언급한 적이 있는데, 후예의 처인 항아가 달로 날아올라 갔다고 전해진다. 오늘날 선진 과학기술은 마침내 사람이 달에 오르고자 하는 꿈을 실현시켜 주었다.

달의 차고 기우는 주기가 대략 29일에서 30일 사이여서, 후대인들은 '月'을 써서 일정한 기간을 나타낸다. 1년에는 12개월이 있다.

'月'로 구성된 한자는 대부분 '달' 혹은 '빛'과 관련이 있다.

달 착륙

朝 (아침 조)

왼쪽 위아래 부분은 모두 '草'이고, 중간은 해이며, 오른쪽은 달이다. 이 글자는 해가 풀숲 사이에서 올라오는 때 달은 아직 떨어지지 않았음을 나타낸다. 그래서 '朝'의 본래의미는 '이른 아침'이다. 후에 바닷물은 새벽에 수위가 상승하므로 'ᵢ'(水) 편방을 더해서 '潮'(조수 조)자가 생겨나서, 밀물과 썰물의 조수를 나타내게 되었다.

夜 (밤 야)

'夜'는 날이 어두워진 후부터 밝아질 때까지의 시간을 나타낸다. '夜'의 고문자형에서 중간 부분은 서있는 사람을 본뜬 것이며 오른쪽은 달을 나타낸다. 우리는 '夜'자로부터 달빛이 있는 시간을 생각할 수 있다.

고대 중국인들은 해와 달 외에 다른 천체를 모두 '星'이라 불렀다.

星 (별 성)

별 사진

'星'은 밤에 하늘에서 반짝반짝 빛을 발하는 천체를 가리킨다. 고대 중국에서 '三'은 많다는 것을 나타낸다. 고문자의 '星'자는 위쪽에 세 개의 작은 원형이 있는데, 이는 하늘의 별들을 다 셀 수 없다는 것을 나타낸다.

기상은 변화가 무궁한 것인데, 고대 중국인들은 어떻게 한자로 기상을 표현하였는지 살펴보도록 하자.

雲 (云, 구름 운)

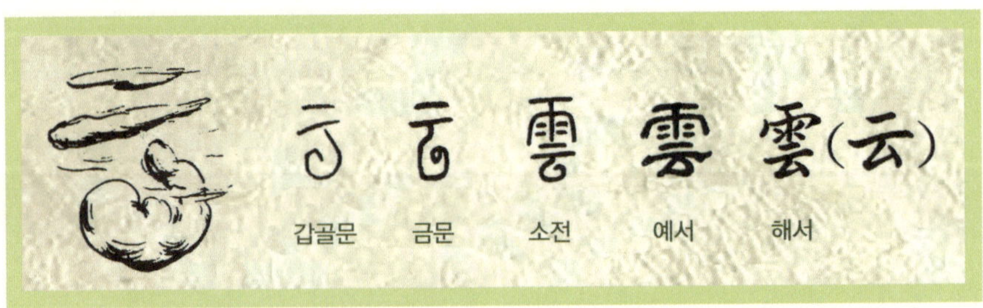

'雲'자는 상형자로, 갑골문 자형은 중국의 간화자 '云'과 같으며 이는 사람들이 보았던 구름의 형상을 본뜬 것이다. '雲'은 공기 중에 떠돌아다니는 수증기로 만들어지며, 다시 비로 변해서 땅으로 떨어진다. 이 때문에 후에 '云'자의 윗부분에 '雨'자를 더해서 '雲'자로 쓰게 된 것이다. 현대 중국의 간화자에서는 다시 '雨'를 없애고 '云'으로 써서 고문자형으로 돌아갔다.

雨 (비 우)

'雨'의 고문자형은 비가 오려고 할 때의 장면이 뚜렷하게 묘사되어 있다. 위의 가로획은 하늘의 구름층을 나타내고 아래의 점이나 짧은 세로획은 떨어지는 빗방울을 나타낸다. 소전체의 '雨'은 구름층 위에 다시 가로획을 더했는데, 이 가로획은 하늘을 나타낸다. 고문자형의 '雨'에는 모두 빗물이 구름층의 위로 삐져나온 것이 없다. 몇 천 년 전의 고대 중국인들의 육안으로 '雨'를 관찰한 것이, 뜻밖에도 몇 천 년 후 과학기구를 통해 관찰한 결과와 동일하다.

'雨'자는 또 기상을 나타내는 글자의 편방으로 쓰여 '雷'(우레 뢰), '雪'(눈 설), '霧'(안개 무), '霜'(서리 상) 등의 글자를 만든다.

갑골문의 '雷'자의 중간에 쓰인 곡선은 번개를 나타내며 번개 주위의 원은 천둥이 칠 때의 거대한 소리를 나타낸다. 몇 천 년 전의 사람들이 천둥소리는 언제나 번개를 동반한다는 것을 관찰해낸 것이다. 금문에 이르러 雨자가 머리에 더해졌고 소전에 이르면 '雷'의 자형이 금문과 비슷하지만 번개의 형상이 생략된 형태로 되었다.

2 | 한자와 지리

사람의 생활에서 지리는 매우 중요하다. 이제 지리와 관련된 한자를 살펴 보도록 하자.

水 (물 수)

물은 생명의 근원이다. 최초의 인류는 모두 물가에서 생활하였다. 갑골문의 '水'는 대단히 아름다워서, 마치 작은 하천에서 물방울을 띄우는 듯하다. 고대의 '水'자는 강을 가리켰다. 중국에는 "大禹治水"(대우치수 : 우가 물을 다스리다)라는 전설이 있다. 사천 년 전 황하는 항상 홍수가 발생했는데 당시의 지도자인 우가 사람들을 거느리고

우가 물을 다스리다

13년 동안 열심히 노력해서 마침내 홍수가 바다로 흘러들어가도록 만들었다. '水'가 한자의 왼쪽에서 편방이 되면 'ⅰ'(삼수 변)자로 쓰이는데, 이 'ⅰ'자는 항상 물과 관련이 있다.

河 (강 이름 하)

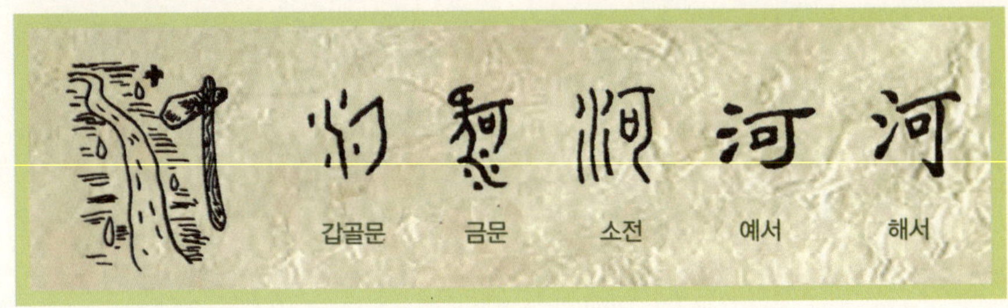

'河'는 고대 중국에서 황하를 가리킨다. 황하는 중국의 민족의 젖줄이며, 황하 주위의 토지에서 중국문명이 탄생하였다. 현재 중국에는 황하 주위에 대략 3억 명의 인구가 생활하고 있다.

江 (강 강)

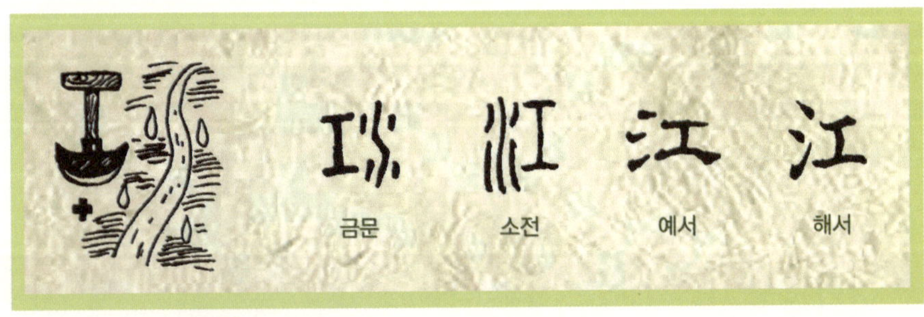

'江'은 고대 중국에서 양자강을 가리킨다. 양자강은 아시아에서 제일 긴

강이며, 이 강의 세 가지 협곡인 삼협이 유명하다. 여기에는 세계에서 제일
큰 삼협댐이 있다.

삼협댐

'氵'를 가진 글자를 더 살펴보도록 하자.

海 (바다 해)

옛 사람들은 큰 바다를 향해 나아가
면서 동시에 두려워하기도 했다. 전설
에 의하면, 바다에는 용이 살고 있다.
중국의 동, 서, 남, 북 네 바다에는 네
용왕이 있는데, 이들은 비와 물을 관
장하고 있다. 해저에는 이들의 궁전이
있고, 궁전에는 셀 수 없이 많은 보물
이 있다.

또 다른 전설에 의하면, 남쪽 지방

네 바다의 용왕

에는 마조媽祖라고 부르는 바다의 여신이
있는데, 그녀는 바다의 어민과 여행객을
보호한다고 전해진다. 이 때문에 현재 남
쪽 지방에는 마조를 모시는 사당이 많이
있다.

湖 (호수 호)

이 글자의 왼쪽에 있는 '氵'는 물을 나
타내고 오른쪽의 '胡'는 독음이 '호'라는
것을 나타낸다. 중국에는 아름다운 호수가 많이 있는데, 이 중 가장 유명한
것으로 항주의 서호西湖를 뽑을 수 있다. 전설에 의하면, 고대 중국에는 아름
다운 여인인 서시西施가 있었다. 그런데 사람들은 서호가 그녀처럼 아름답다
고 생각하여 '서자호西子湖'라고도 부른다.

마조여신의 조각상

서시의 조각상

서호

川 (내 천)

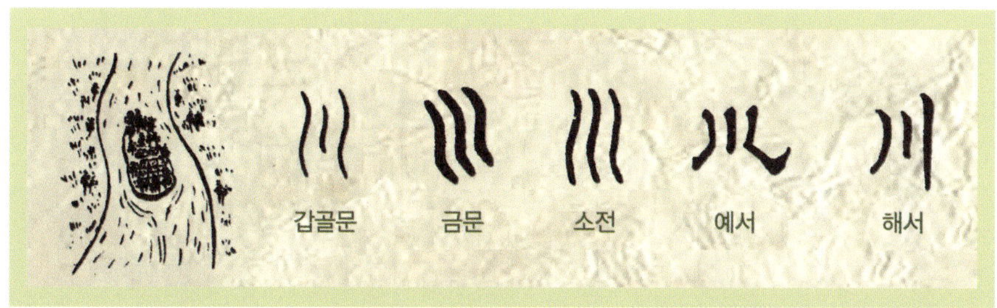

갑골문의 '川'자는 굽이굽이 흐르는 하천을 본뜬 것인데, 양 옆이 물가를 나타낸다. '川'자는 고대에 하천을 가리켰다.

州 (모래톱 주)

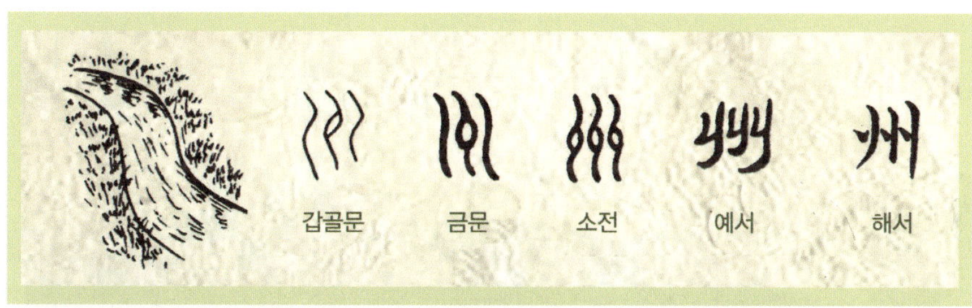

갑골문의 '州'자는 하천 중간에 작은 원이 있다. '州'의 뜻은 하천 중간의 육지이다. 고대인들은 중국이 큰 바다 가운데에 있는 육지라는 것을 이미 알고 있었다. 이 때문에 중국을 '신주神州'라고도 불렀다. 그들은 이와 같은 육지가 모두 아홉 개 있다고 생각하여 중국을 '구주九州'라고 불렀다.

泉 (샘 천)

'泉'의 고문자형은 샘물이 흘러나오는 형상을 본뜬 것이다.

중국의 샘물은 매우 많다. 사람들은 샘물을 이용하여 차를 마시기 좋아했다. 청대 건륭황제는 은으로 만든 국자를 특별히 제작하여 각지의 샘물의 양을 재고 비교하였다고 한다. 그는 북경의 옥천玉泉 샘물이 가장 좋다고 생각하여 옥천을 '천하제일의 샘'이라고 불렀다.

북경의 옥천산(玉泉山)

이제 한자의 '山'을 살펴보도록 하자.

山 (뫼 산)

갑골문의 '山'에는 세 개의 산봉우리가 있다. 고대의 '三'은 많다는 것을 나타내는데, 여기에 있는 세 개의 산봉우리 역시 많은 산을 대표한다. 중국에는 유명한 산이 많다.

전설에 의하면, 과거에 부주산不周山이라는 산이 있었다고 한다. 이 산은 대단히 높았으며 하늘과 땅을 지탱해주었다. 후에 물의 신인 공공共工이 천제와 싸움을 했는데, 물의 신이 패하였다. 이에 그는 화가 나서 머리로 부주산을 받아버렸다. 부주산은 끊어져버렸고 하늘과 땅을 지탱할 수 없었다. 서북쪽의 하늘이 무너져 내렸고 하늘의 별들도 그곳으로 떨어졌다. 동남쪽의 대지는 내려앉았고 땅에 있는 하천이 그쪽으로 흘렀다. 그래서 북극성은 하늘의 북쪽에 있고 큰 바다는 중국의 동남쪽에 있다고 한다.

한자의 편방으로 '山'을 쓰는 것이 많은데, 이들은 항상 산과 관련이 있다.

송나라 때 화가 미불(米芾)이 그린 춘산서송도 (春山瑞松圖)

공공이 노하여 부주산을 받다

'嶽'(岳, 큰산 악)

갑골문의 '嶽'()은 마치 산 위에 또 다른 산이 있는 듯한데, 매우 높은 산을 뜻한다. 이 때문에 '嶽'은 높은 산을 가리킨다. 중국에는 오악五嶽이 있는데, 동서남북과 중부의 다섯 개 높은 산을 가리킨다. 이들은 각각 태산泰山, 형산衡山, 화산華山, 항산恒山과 숭산嵩山이다. 이 산들의 풍경은 매우 아름답다. 고대 사람들은 신선이 이 다섯 개의 산에 살고 있다고 생각하여, 이 산 위에 사찰을 많이 세웠다.

서악 화산

동악 태산

3 한자와 식물

식물은 사람들이 먹는 음식의 원천이며, 생활용품의 원료이기도 하다. 이제 식물과 관련이 있는 한자를 살펴보도록 하자.

木(나무 목)

갑골문의 '木'은 나무 한 그루를 본뜬 것인데, 나무의 줄기와 가지가 있다. '木'의 뜻은 나무였다. 한자의 편방에 '木'을 쓰는 것이 많은데, 이들은 나무의 이름을 나타내거나 혹은 목재를 나타낸다.

林(수풀 림)

두 그루의 나무가 함께 있으면 '숲'을 나타낸다. 중국 남방에는 계수나무가 많은 아름다운 지역이 있는데, 이곳을 '계림桂林'이라고 부른다.

아름다운 계림

森 (나무 빽빽할 삼)

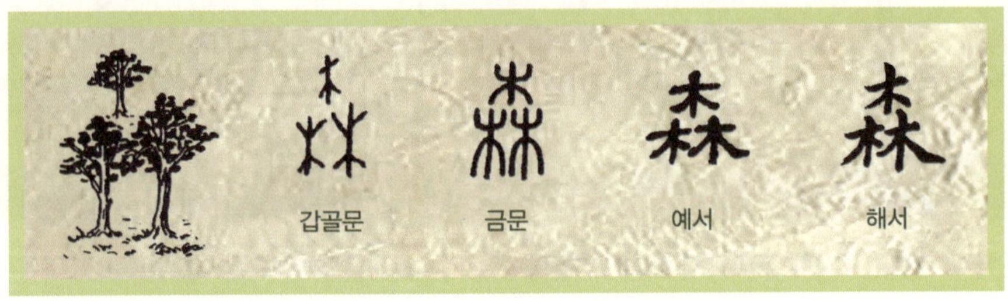

세 그루의 나무가 함께 있으면 '삼림'을 나타낸다. 중국은 5분의 1에 가까운 면적이 삼림으로 되어 있다.

중국에는 대나무가 많은데, 대나무와 관련이 있는 한자가 많이 있다.

竹 (대나무 죽)

이 한자는 대나무 가지와 잎을 본뜬 것임을 알 수 있다.

중국인들은 대나무가 바람이나 추위를 두려워하지 않으며 대단히 굳세다고 생각해서 이 나무를 매우 좋아한다. 또한 이 때문에 대나무는 매서운 추위를 두려워하지 않는 소나무, 매화와 함께 "歲寒三友"(세한삼우 : 추운 겨울철의 세 벗)라고 부른다. 옛날의 어떤 시인은 다른 사람 집에서 하루 이틀만 묵어도 그 집에 대나무 몇 그루를 심었다고 한다. 다른 사람이 그에게 왜 그런지를 묻자, 그는 "나에게는 대나무가 없어서는 안 된다. 하루라도 지낼 수 없다."라고 말하였다고 한다.

대나무로는 많은 물건을 만들 수 있는데, 대나무로 만든 물건은 대단히 아름답다.

'竹'은 편방으로 쓰일 수 있는데, 이때에는 '⺮'으로 쓰고 '대죽머리'라고 부른다. 대죽머리를 쓰는 한자는 항상 대나무와 관련이 있다.

대나무로 만든 물건

筷 (젓가락 쾌)

중국의 음식을 먹을 때는 젓가락을 써야하는데, 젓가락은 대나무로 만들었다.

簡 (대쪽 간)

고대 중국에서는 대나무를 이용하여 죽간竹簡을 만들어서 그 위에 한자를 썼다. 공자가 읽었던 죽간은 다섯 수레를 채울 수 있었다고 전해진다.

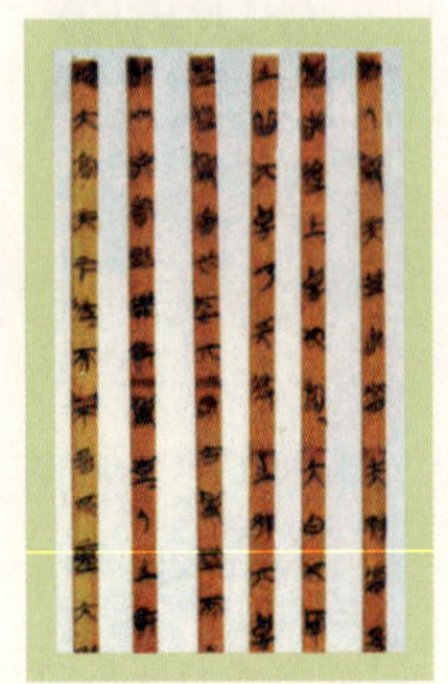

죽간

算 (셀 산)

수학도 대나무와 관련이 있다. 원래 고대 중국인들은 대나무로 만든 작은 막대기로 계산을 했다. 1,500여 년 전 조충지祖沖之는 원주율을 계산해내었다.

이제 한자에 나오는 다른 식물을 살펴보도록 하자.

조충지(429~500)

草(풀 초)

갑골문의 '草'는 작은 풀의 형상을 본뜬 것이다. 중국인들은 많은 식물을

'草'로 생각했다. 어떤 '草'는 병을 치료할 수 있는데, 이러한 풀을 '약초'라고 불렀다. 중국의 약초에는 1천여 종이 있다. 전설에 의하면, 중국민족의 시조인 염제炎帝는 사람들의 병을 치료해주었는데, 세상에 있는 모든 풀을 다 먹어보았다고 한다. 그러나 독이 있는 풀이 있어서 하루에 70번이나 중독된 적도 있었다고 한다. 그는 약초를 많이 찾아내었지만, 그 자신은 중독되어 죽었다. 이 때문에 중국인은 지금까지도 그를 기념하고 있다.

염제

중국의 약 재료

'草'를 편방으로 쓸 때에는 '艹'라고 쓰고 '초두머리'라고 부른다. 초두머리를 갖는 한자는 식물과 관련이 있다.

茶 (차 차)

중국인은 매우 일찍부터 차를 마시기 시작했다. 전설에 따르면, 차는 염제가 발견한 것이라고 한다. 중국인들은 차를 마실 때 중시하는 것이 많다. 차도 좋아야하지만, 물도 좋아야 하고, 찻잔과 차수전자도 아름다워야 한다. 차를

차

마실 때의 규칙도 적지 않다. 이것이 중국의 차 문화이다.

瓜 (오이 과)

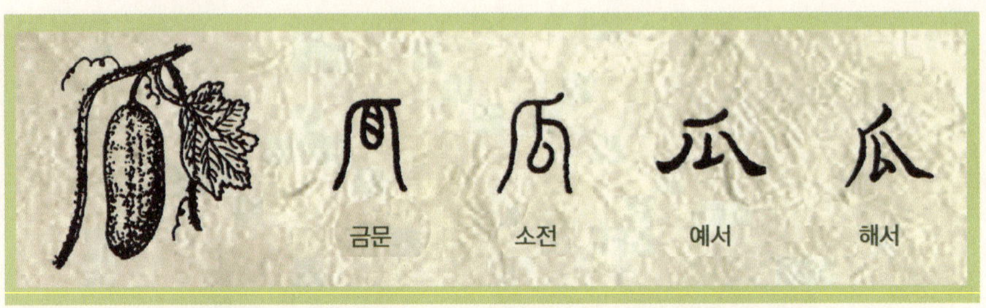

고대의 '瓜'자는 오이가 자란 모양을 본뜬 것이다. 오이에는 종류가 많은데, 어떤 오이는 서역에서 온 것이 있어서 이를 西瓜(서과 : 수박)라고 부른다. 어떤 오이는 윗면이 마치 아주 얇은 서리와 같아서 冬瓜(동과 : 우리나라에서는 동아라고도 함)라고 부른다. 위의 고문자 '瓜'자는 오이의 형상을 잘 드러내고 있다.

한자는 이처럼 형상을 잘 드러내서 고대 중국인이 화초와 수목에 대해 얼마나 잘 관찰했는지를 보여주고 있다.

4 | 한자와 동물

마지막으로 한자에 나타나는 동물을 살펴보도록 하자.

중국에서는 12종의 동물을 12지와 짝을 맞추어 연도를 나타낸다. 그것은, 쥐鼠, 소牛, 호랑이虎, 토끼兎, 용龍, 뱀蛇, 말馬, 양羊, 원숭이猴, 닭鷄, 개狗, 돼지猪이다.

12가지 띠

이 12종의 동물을 통칭하여 '12가지 띠'[6]라고 하는데, 여기서 '띠'라는 말을 중국어에서 '肖'(xiào)라고 하는데, 이는 '닮다'는 뜻이다. 이 12가지 띠를 중국어에서 '屬相(shǔxiàng)'이라고도 말한다. 중국인은 모두 자기의 출생년 도에 맞는 띠를 가지고 있다. 가령 2008년은 쥐의 해인데, 이 한 해에 태어 난 사람은 쥐띠이다. 2009년은 소의 해인데, 이 한 해에 태어난 사람은 소띠

---

[6] 이 열두 가지 띠를 현대중국어로 生肖(shēngxiào)라고 한다.

이다. 우리는 띠를 통해 그 사람의 나이를 알 수 있다. 아래에서 그 중 몇 글
자를 살펴보도록 하자.

鼠 (쥐 서)

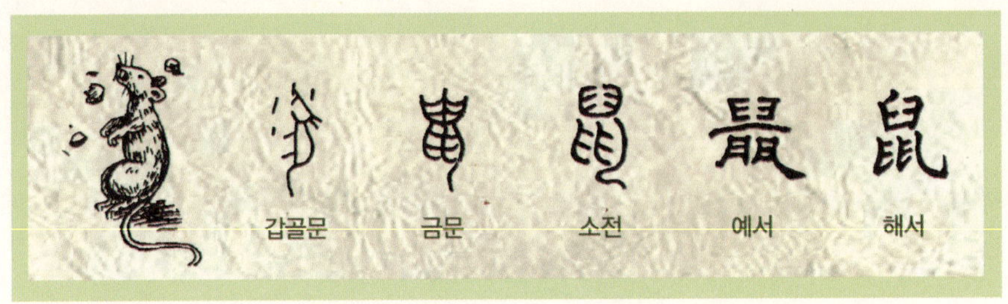

갑골문의 '鼠'자는 구멍 속에 사는 작은 쥐를 닮았다. 중국에서 일 년 중
의 하루는 쥐가 결혼하는 날이라는 전설이 있다. 이 날은 쥐가 결혼해서 집
안을 이루어야 한다. 사람들은 벽의 모퉁이에 그들에게 줄 맛있는 것을 가져
다 놓고 일찍 잠에 들어서 그들을 방해하지 않는다. 이날 쥐가 만족하지 않
으면 일 년 동안 사람들을 귀찮게 할 수 있다고 한다.

쥐가 결혼하는 모습의 종이 공예

牛 (소 우)

앞에서도 언급한 것처럼 갑골문의 '牛'자는 소의 머리를 본뜬 것이다. 중국인들은 소가 근면하고 일을 잘 한다고 여겨서 소를 매우 좋아한다. 옛날 사람들은 소를 이용하여 경작하였는데, 이 때문에 사람들이 소를 잡아먹는 것을 금지한 적도 있었다고 한

소를 이용하여 경작하는 것

다. 소는 또한 수레를 끌 수도 있다. 전설에 의하면, 옛날의 어떤 신령스러운 소는 두 뿔에 광채가 났으며 하루에 800리길을 달릴 수 있었다고 한다.

虎 (범 호)

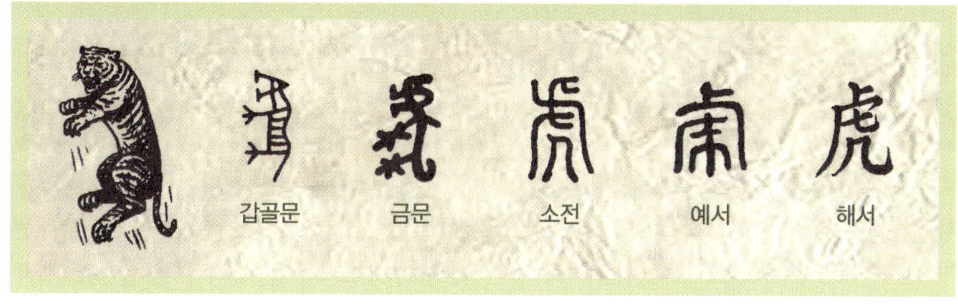

갑골문의 '虎'자는 머리는 위로 향하고 꼬리는 아래로 향하며 몸에는 무늬가 있다.

중국인들은 호랑이의 머리에 王자가 크게 쓰여 있어서 호랑이가 바로 동물의 왕이라고 생각하였다.

호랑이는 또한 매우 강건하다. 이 때문에 사람들은 자기의 아이가 호랑이처럼 튼튼하기를 희망하여 아이에게 '호랑이베개', '호랑이머리 모자', '호랑이머리 신발'을 주곤 하였다.

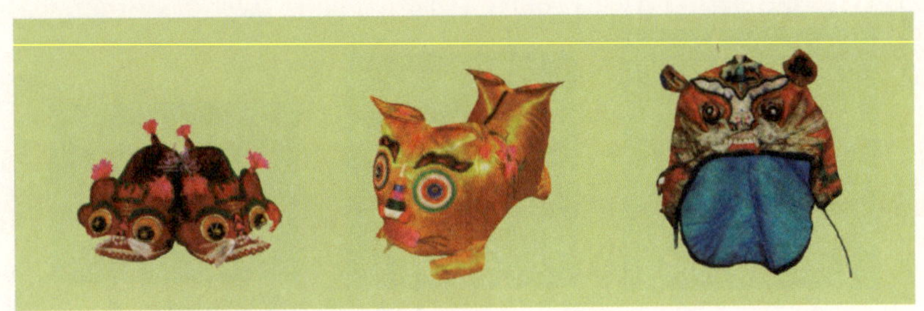

호랑이머리 신발, 호랑이베개, 호랑이머리 모자

龍(용 용)

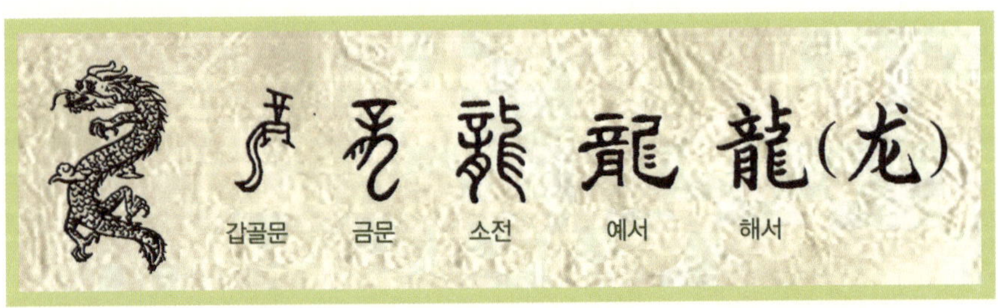

갑골문의 '龍'자는 머리와 뿔이 있고 입을 크게 벌리고 있으며 몸은 구불구불하다. 용은 고대 중국인들이 상상해낸 동물이다. 그들은 용을 신비한 동물이라고 생각했다. 때로는 물속에 있고 때로는 하늘에 있어서 하늘, 강, 호

수, 바다와 모든 동물을 관장하고 있다. 전설에 의하면, 중국인의 조상인 황제黃帝는 용을 타고 하늘까지 날아갔다고 한다.

지금도 중국인은 명절 때 용모양의 등을 들고 춤을 추거나 용모양의 배를 타고 경주를 한다.

황제가 용을 타고 하늘에 오르다

蛇 (뱀 사)

갑골문의 '蛇'('')는 긴 몸과 뾰족한 머리를 가지고 꿈틀거리는 듯하다. 과거 중국인들은 용은 뱀이 변한 것이라고 생각했고 그래서 뱀을 '작은 용'이라고 부르기도 했다. 전설에 의하면, 오래 전 중국의 남방에 파사巴蛇라는 큰 뱀이 있었는데, 큰 코끼리를 통째로 삼키고 삼년이 지나서야 그 코끼리의 뼈를 토해내었다. 이 뱀은 항상 사람을 잡아먹었는데, 아홉 개의 해를 활로 쏘았던 영웅인 후예가 나중에 이 뱀을 죽였다. 뱀이 죽은 후에 그 뼈가 변해서 산이 되었다고 한다.

馬 (말 마)

갑골문의 '馬'는 말이 곧게 서있는 모양이다. 일굴은 길고 눈은 크며 갈기

와 꼬리가 있다. 고대에 말은 매우 중요했는데, 농경이나 운수, 전쟁에 쓰였다. 전설에 따르면, 옛날 황하에 용마龍馬 한 마리가 있었다. 이 말은 용처럼 생겼고 물 위를 달릴 수 있었다. 등 위에 기괴한 그림이 있었는데, 성인인 복희伏羲가 이 그림을 보고 계발을 받아 '팔괘八卦'를 만들었다고 한다.

팔괘도

하남성 용마부도사(龍馬負圖寺 : 용마가 그림을 등에 지고 나타난 곳에 있는 사찰)의 용마 조각상

이제 다른 동물을 살펴보도록 하자.

象 (코끼리 상)

갑골문의 '象'자는 코가 매우 길다. 고대 중국의 북방은 온난해서 코끼리가 많았다고 한다. 전설에 의하면, 옛날 순舜이라 부르는 현명한 사람이 있었

는데, 그는 부모에게 효도를 잘 하여 동물들이 감동을 받았다고 한다. 순이 밭에 가서 농사를 지을 때 코끼리가 와서 그를 도와 밭을 갈았으며 새가 와서 잡초를 없앴다고 한다. 후에 그가 사람들의 지도자가 되었다.

魚 (물고기 어)

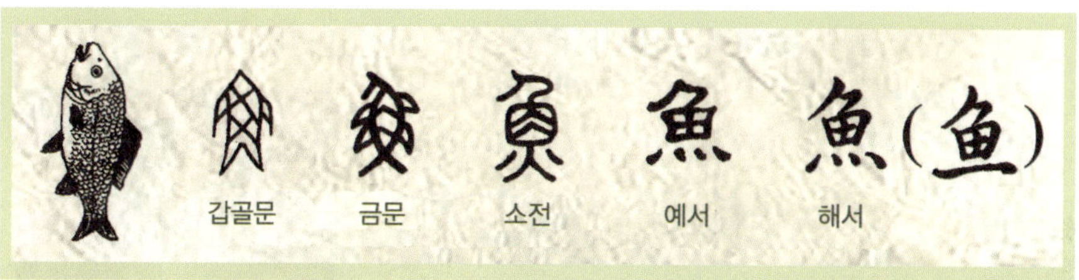

'魚'자에는 지느러미, 꼬리, 비늘이 있다. 전설에 따르면 대우가 치수할 때에 용문산龍門山이라는 산이 큰물을 가로막았다. 후에 대우가 사람을 거느리고 용문산을 파내어 물이 산 중간으로 흘러내려가도록 하였다. 이곳은 물살이 매우 세차서, 잉어가 이 용문산을 뛰어넘을 수 있으면 용으로 변할 수 있다고

황하의 용문협

한다. 그래서 매년 봄 수많은 잉어가 용문산을 뛰어넘으려고 한다. 그러나 일 년 동안 이곳을 뛰어 넘는 것은 극소수이다. 잉어가 한 번 뛰어 넘으면 하늘의 번개가 그 잉어의 꼬리를 태워버려 용으로 변하게 된다고 한다.

龜 (거북 구/귀)

고대의 '龜'자는 거북이의 모습이다. 어떤 거북은 천여 년을 살 수 있다고 하는데, 그래서 거북이는 장수를 상징한다.

전설에 따르면, 대우가 치수에 성공한 후 한 마리 거북이 낙하洛河로부터 올라왔는데, 등에 65자가 쓰여 있었다고 한다. 이것이 최초의 한자이다. 실제로 우리가 볼 수 있는 최초의 한자는 거북의 껍질과 동물의 뼈 위에 새겨진 것이다. 이것이 '갑골문'이다.

갑골문

鳳 (봉황새 봉)

갑골문의 '鳳'은 아름다운 새를 본뜬 것이다. 용과 마찬가지로 '鳳' 역시 사람의 상상 속에서 만들어낸 동물이다. 전설에 따르면 봉황새는 매우 아름다운데, 뱀의 목, 물고기의 꼬리, 용의 무늬, 호랑이의 등을 가지고 있다고 한다. 봉황새는 서방의 큰 산에 날아오를 수 있고 동방의 큰 바다에도 날아갈 수 있다. 봉황새는 단지 거대한 오동나무에서만 휴식을 취한다. 천하가 태평할 때에만 사람들이 그것을 볼 수 있다. 따라서 봉황새는 '아름다움'을 나타낸다. 중국인이 결혼할 때에 봉황새 도안을 많이 볼 수 있다.

삼천여 년 전의 왕후 무덤에서 발굴된 옥으로 만든 봉황새

　이상과 같이 우리는 한자를 통해 중국인의 눈에 비친 동물의 세계를 발견할 수 있다.

제 4 장

한자와 인체

전설상의 창힐이 한자를 만들 때 천지만물에 주의를 기울이는 한편 인간에 대해서도 주의를 기울였다고 한다. 그래서 한자에는 세계에 대한 중국인의 인식도 있지만 자신에 대한 중국인의 인식도 들어있다. 사람의 신체와 관련이 있는 한자가 많다.

1 | 한자에 쓰인 '人'

사람들이 세계를 관찰할 때, 자신에 대해서도 관찰하고 생각한다. 한자에서 우리들은 옛사람들이 자신을 어떻게 인식하였는지를 알 수 있다.

人(사람 인)

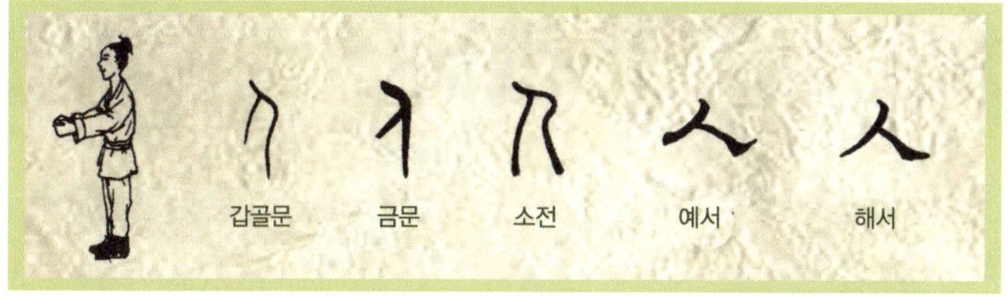

앞에서 말한 바와 같이, 갑골문의 '人'자는 한 사람이 손을 펴고 서 있는 모양을 본뜬 것이다. 지금의 '人'자는 여전히 그처럼 단순하다. '人'은 모든 사람을 가리킬 수도 있고 男人(남자), 女人(여자), 老人(노인) 등처럼 특정한 부류의 사람을 가리킬 수도 있다.

比 (나란할 비)

'比'자는 두 사람이 함께 서 있는 것을 본뜬 것으로, '나란하다', '붙어있다'는 뜻을 갖는다. 옛날의 시에 "海內存知己, 天涯若比隣."(세상에 마음 맞는

친구가 있으면, 하늘 끝조차 이웃처럼 가깝게 느껴지리라.)7라는 구절이 있는데, 여기에 쓰인 '比'가 바로 이 뜻으로 쓰인 것이다. 후에 '비교하다'는 뜻으로 변화하였다. 과거 중국의 지식인들은 여러 차례의 시험을 봐야했는데, 비교를 통해 공부를 잘하고 시험을 잘 본 사람을 관리로 임명하였다. 이 때문에 이러한 시험을 '대비大比'8라고 불렀다.

北 (북녘 북, 달아날 배)

'比'는 두 사람이 함께 서있는 것인데 비하여 '北'은 두 사람이 서로 등지고 있는 것이다. 그래서 '北'자의 원래 뜻은 사람의 등이다. 후에 이 글자에

---

7 이 시는 당나라 때의 시인인 왕발(王勃)의 <촉주로 부임하여 가는 두소부를 보내며(送杜少府之任蜀州)>에 나오는 구절이다.

8 '大比'는 명나라, 청나라 때에 3년에 한 번씩 각 성에서 시행한 과거시험이다. 사람의 실력을 크게 비교해본다는 뜻을 갖는다고 볼 수 있다.

‘肉’(고기 육)을 뜻하는 편방 ‘月’이 더해져서 현재의 ‘背’자가 만들어졌다.

‘人’이 편방이 될 때, ‘亻’(인 변)으로 쓴다. ‘亻’을 가진 많은 글자들은 모두 ‘사람’과 관련이 있다.

化 (될 화)

이 글자는 ‘北’자가 아니다. 이는 서 있는 사람과 뒤집혀 있는 사람인데, 어떤 사람이 삶에서 죽음으로 변화됨을 나타낸다. 이 글자가 ‘化’인데, ‘변화’를 뜻한다. 사람뿐만 아니라 자연도 끊임없이 변화하고 있다. 그래서 과거에 자연을 ‘대화大化’라고 부르기도 했다. ‘chemistry’는 물질의 변화를 연구하는 학문이므로, 이를 ‘화학化學’이라 부른다.

俑 (허수아비 용)

‘俑’이 가리키는 것은 사람의 형상인데, 항상 장례에 부장품으로 썼다. ‘俑’은 나무나 진흙, 돌로 만드는데, 가장 많이 쓴 것은 도기로 만든 것이다. 1974년 중국의 시안西安의 농민이 땅에 우물을 파다가 진짜 사람과 거의 같은 도기인형 몇 개를 발견하였다. 후에 사람들이 도기인형으로 된 군대를 발굴해내었다. 그 안에는 전차, 기병, 보병과 많은 무기가 있었다. 어떤 인형은

채색을 한 것도 있었다. 이 군대
는 진형을 펼치고 있어서 마치
막 전투를 하려는 듯하였다. 이것
이 바로 이천여 년 전에 만들어
진 '진시황秦始皇의 병마용兵馬俑'
이다.

사람을 나타내는 것으로는 '大'
처럼 다른 자형도 있다.

진시황 병마용

大 (클 대)

'大'자는 정면을 향해 서 있는 사람을 본뜬 것이다. 이 사람은 위풍당당하
게 양 어깨를 펼치고 두 다리를 벌리고 있다. 이것은 하늘을 떠받치고 땅에
우뚝 서있는 남자의 모습이다. 지금도 중국의 어떤 지방에서는 '大'자가 여
전히 '아버지'의 뜻으로 쓰인다. 중국인이 생각하기에, 세상에 '大'라고 할
수 있는 것은 세 가지가 있는데 그것은 하늘과 땅 그리고 자기 자신이다. 지
금 '大人'은 '성년인 사람'을 뜻한다.

夫 (지아비 부)

지금의 '어른'이라는 뜻을 고대에는 '夫'라고 썼다. '大'자 위에 가로획을 더한 것이 '夫'이다. 이 가로획은 고대인의 머리 위에 꽂은 비녀를 나타낸다. 옛날 남자는 20세가 되면 머리를 감아올리면서 비녀를 써서 고정시켰다. 이는 이미 성인이 되어 결혼할 수 있다는 것을 나타낸다. 그래서 '夫'에는 현대중국어 '丈夫'(zhàngfu)처럼 '남편'이라는 뜻이 있다.

고대 중국에서 남자는 20세 성인이 되었을 때 머리에 '관冠'을 써야 한다. 관은 특별한 모자 종류인데, 이렇게 관을 쓰는 의식을 '관례冠禮'라고 한다.

관례를 올리는 장면

立 (설 립)

‘立’과 ‘大’는 어떤 차이가 있는가? ‘立’도 서있는 사람이지만, 아래에 가로획이 하나 있어서 대지를 나타낸다. 이 글자는 본래 한 사람이 대지에 서있는 것을 나타내었고 이 때문에 ‘立’에는 ‘수립樹立, 건립建立’이라는 뜻이 있다. 과거 중국인의 이상은 ‘입덕立德, 입공立功, 입언立言’이었다. 이는 사람의 제일 큰 성공은 도덕적으로 후인들의 모범이 되는 ‘입덕’이며, 그 다음은 자신의 업적을 세우는 ‘입공’이고 또 그 다음은 자신의 저작을 써서 다른 사람이 자기의 사상을 알도록 하는 ‘입언’이라는 것이다. 앞에서 언급한 것처럼, 과거의 중국인은 20세에 성년이 되며, 30세가 되면 자신의 사업을 가지고 있어야만 했다. 이것이 바로 ‘삼십이립三十而立’[9]이다.

天 (하늘 천)

‘大’자와 비교할 때 ‘立’자는 아랫부분에 차이점이 있고 ‘天’은 윗부분에 차이점이 있다. 갑골문의 ‘口’, 금문의 ‘●’은 모두 사람의 머리를 나타낸다. 앞에 언급한 바와 같이 ‘天’의 본래 의미는 사람의 머리꼭대기이다. 후에 ‘하늘’이라는 뜻이 생겨났다 전설에 따르면, 아주 오래 전에 하늘과 땅은 붙어있어서 혼돈 상태였다. 그러던 중 가벼운 것은 상승해서 하늘로 변하고 무거

---

9 본래 ‘삼십이립(三十而立)’은 공자가 자신이 살아온 날을 정리하면서 한 말이다. 나이 30이 되어 자신의 일에 대해 확고한 입장을 갖게 되었다는 뜻이다.

운 것은 아래로 내려가 땅으로 변했다. 후에 앞서 말한 것처럼 물의 신인 공공共工이 하늘과 땅 사이를 지탱해주던 부주산을 부수어버렸다. 하늘에는 큰 틈이 생겼고 땅에는 곳곳에서 홍수와 불이 일어났다. 이에 여신인 여와女媧가 다섯 가지 색깔의 돌을 불로 녹여내어 하늘의 구멍을 메우자 비로소 사람들은 계속 생활해나갈 수 있었다고 한다.

옛날 중국인의 눈에 '天'은 대단히 신성한 것이며 신령들이 하늘에 살고 있었다. 국가의 흥망과 성쇠나 사람의 생존과 사망은 모두 '天'이 안배하는 것이었다. 만약 '天'이 즐거우면 사람들은 용, 봉황새, 기린 등의 상서로운 동물을 볼 수 있었고 '天'이 화가 나면 지진, 전염병, 메뚜기떼와 같은 재해가 생길 수 있었다. 그렇지만 '天'이 본래 가리키는 것이 사람 자신이라는 것을 누가 또 생각할 수 있었겠는가?

女媧補天(여와보천 : 여와가 하늘을 메우나)

기린

과거에는 여인들의 부담이 매우 컸다. 여성들은 노동을 하고 아이를 낳아야했으며, 또 아이들을 돌봐야했다. 여성과 관련이 있는 한자에는 이러한 것을 반영하고 있다.

女 (여자 여)

'女'자는 본래 꿇어앉은 한 여인이 두 손을 교차하여 가슴 앞에 두고 있는 것을 본뜬 것이다. 옛날에는 의자가 없어서 사람들이 밥을 먹을 때나 휴식할 때 바닥에 꿇어앉아 있는 것이 습관이었다.

아주 오래전에 중국은 모계 사회의 시대를 거쳤다. 전설에 따르면, 여와(앞서 언급한 하늘을 메웠다는 여신)가 인류를 창조했다. 여와는 6일

여와가 사람을 만들다

의 시간을 써서 많은 동물을 만들었고 7일째 자신의 모습을 보면서 황토로 사람을 반죽해냈다고 한다. 이 전설은 그 당시 사람들의 생각을 반영하였을 것이다.

姓 (성 성)

'女'와 '生'이 함께 있으면 '姓'이 된다. 아주 오래 전에는 사람들이 자기의 어머님만을 알았을 뿐 아버지를 알지 못했으며, 혈연관계는 모친에 따라서 정해졌다고 한다. 따라서 '姓'자의 의미부는 '女'이다. 중국의 아주 오래된 성은 모두 '女'자 방으로 이루어져 있다. 중국인들이 항상 자신들은 염황炎黃의 자손이라고 말하는데, 이는 '염제炎帝와 황제黃帝의 후손'이라는 뜻이다. 염제와 황제는 고대 중국의 지도자이다. 염제의 성은 '강姜'이고 황제의 성은 '희姬'라고 전해지는데, 이 두 성의 한자에 모두 부속요소로 '女'가 있다.

염제상

황제상

娃 (예쁠 왜/와)

'娃'의 뜻은 '어린이'여서 '女'를 편방으로 썼다. 사랑스러운 어린이를 '娃

娃’라고 부른다. 중국어에서 ‘泥娃娃’(ní wáwa : 흙을 구워만든 인형), ‘布娃娃’(bù wáwa : 천으로 만든 인형)처럼 어린이 모양의 인형도 ‘娃娃’라고 부른다. 2008년 베이징 올림픽의 마스코트는 ‘福娃’(fúwá)라는 이름을 가진 다섯 어린이인데, 그 이름은 貝貝(bèibei), 晶晶(jīngjing), 歡歡(huānhuan), 迎迎(yíngying), 妮妮(níni)이다. 이를 합하면, “北京歡迎你”(베이징은 당신을 환영합니다)가 된다. ‘福娃’는 행운을 가져다주는 아이라는 뜻을 갖고 있는데, 이는 중국인의 마음을 대변한다고 할 수 있다.

2008년 올림픽 마스코트 福娃

위에서 몇 가지 ‘女’를 편방으로 하는 한자를 보았는데, 편방에 ‘女’가 없는데도 여성과 관련이 있는 글자가 있다. 아래에서 그런 한자를 살펴보도록 하자.

母 (어미 모)

갑골문의 '母'자는 '女'자와 비교할 때 두 개의 점이 더 있다. 이 두 점은 젖가슴을 나타내는데, 엄마가 아이에게 젖을 물리고 있는 것을 뜻한다. 따라서 '母'는 엄마를 나타낸다. 앞에서도 언급한 바 있듯이 황하는 중국인의 젖줄, 어머니와 같은 강[10]이다. 이는 중국인들이 일찍부터 황하 강가에서 살았고 황하 옆에서 농사를 짓고 황하에서 고기를 잡았기 때문이다. 황하는 마치 어머니 같으며 중국인은 황하의 아들 같다고 할 수 있다.

황하

孕 (아이 밸 잉)

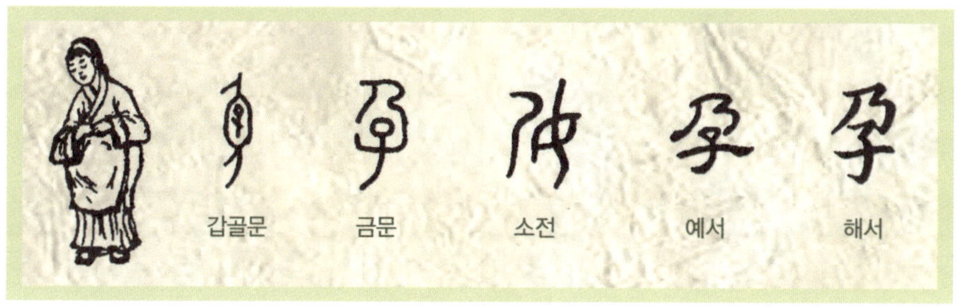

---

[10] 이 때문에 중국에서는 황하를 '어머니 강'(母親河)이라고도 부른다.

강원의 아들 후직

'女', '母'는 모두 꿇어앉아 있는 모습인데, '孕'자는 서 있는 여인의 형상이다. 갑골문과 금문에서 '孕'자는 모두 큰 배가 튀어나온 여인을 본뜬 것인데, 배 안에는 '子'자가 들어있다. 이 한자는 '임신하다'는 뜻이다. 중국의 신화에서 많은 영웅은 출생 전 모친이 임신할 때에 재미있는 이야기가 많이 전해진다. 전설에 의하면, 오래 전에 강원姜嫄이라는 여인이 있었는데, 어느 날 외출했을 때 땅바닥의 큰 발자국을 보았다. 그녀는 호기심이 많아 그 위를 밟고갔는데 곧바로 임신을 하게 되었다. 이렇게 하여 낳은 아이가 후직后稷이다. 후직은 사람들에게 농사짓는 법을 가르쳤으며, 바로 중국 주周나라(B.C.1046~B.C.256)의 시조이다.

身 (몸 신)

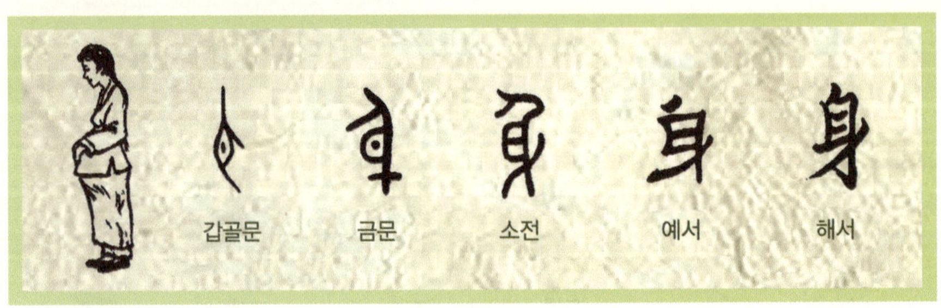

'身'자에도 큰 배가 있지만, '孕'자와 다른 점은 배 안에 '子'가 없다는 것이다. '身'도 본래의 뜻이 '임신'이다. 그래서 중국어로 임신하다는 말인 '懷孕'(huáiyùn)은 '有身子'(yǒu shēnzi)라고도 한다. 후에 이 한자는 사람의 신체를 가리키게 되었다.

育 (기를 육)

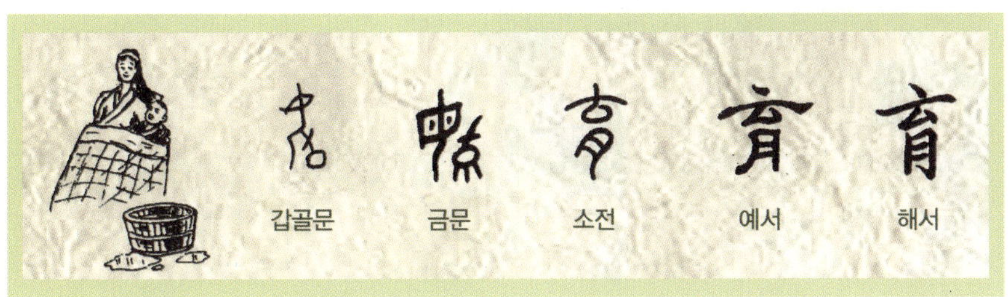

'育'은 원래 '毓'으로 썼다. 본래의 의미는 '아이를 낳다'이다. 갑골문 자형의 왼쪽은 어머니이고 오른쪽은 막 태어난 아이이다. 아이가 태어날 때 머리가 먼저 나오므로 머리가 아래로 향하고 있다. 금문에서 옆에 있는 점은 분만할 때 흘러나오는 양수를 나타낸다. '育'에는 '아이가 성장하도록 기르다'는 뜻이 있다. 그래서 아이를 학습하도록 가르치는 것을 '교육教育'이라고 한다.

乳 (젖 유)

아이가 출생한 후 어머니는 아이에게 젖을 먹여야 한다. 갑골문의 '乳'자는 어머니가 젖을 먹이는 모양을 본뜬 것이다. 이것이 '乳'자의 본래 의미이

어린 양이 꿇어앉아 젖을 물다

다. 중국어에 '羔羊跪乳(gāoyáng guì rǔ)'라는 말이 있다. 이 말은 어린 양이 어미양의 젖을 먹을 때 앞발은 꿇어 앉아있다는 것인데, 어미 양에 대한 감사를 나타낸다. 동물조차 이러한데, 사람은 더욱이 어머니가 자신을 길러준 은혜에 대해 감사해야 한다.

保 (지킬 보)

어머니는 아이에게 젖을 먹일 뿐만 아니라 평소에도 아이를 보살펴야 한다. '保'자는 엄마가 아이를 안고 있는 모양을 본뜬 것이다. '保'의 본래의 뜻은 '보살피다, 기르다'이다. 이천여 년 전의 주나라 때 학교에서 어린아이들을 가르치는 선생님을 '보씨保氏'라고 불렀다. 지금도 집으로 와서 아이를 돌봐주는 사람을 '보모保姆'라고 부른다.

이러한 글자는 고대인들이 인류의 생명을 지속시키는 여성의 중요한 역할을 인식하고 있었음을 반영하고 있다.

3 | 한자와 인체(1)

앞에서 우리는 한자에 나타나는 남자와 여자, 아이를 살펴보았다. 이제 한자에 보이는 인체에 대해 살펴보도록 하자.

고대 중국인은 머리는 신체에서 가장 중요한 부분이며 다른 기관을 관장하고 있다고 인식하였다. 이런 이유로 사람의 머리 부분과 관련이 있는 한자가 많이 있다.

元 (으뜸 원)

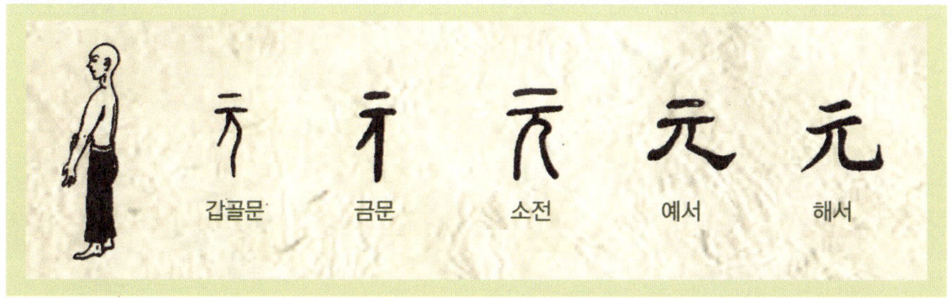

‘元’자의 본래 뜻은 사람의 머리이다. 머리는 인체의 근본이므로 ‘元’에는 또 ‘근본’, ‘시작’이라는 뜻이 있다. 중국은 B.C.841년부터 연대를 기록하기 시작했다. B.C.841년은 ‘共和元年(공화원년)’이다. ‘元年’이란 ‘첫 해’를 뜻한다. 중국인들은 하늘과 땅이 모든 것의 근본이면서 시작이며, 모든 것의 ‘元’이라고 생각하였다. 하늘은 크고 땅도 크기 때문에 ‘元’에는 ‘크다’는 뜻도 있다.

首 (머리 수)

　'元'자가 사람의 신체 전체를 나타내기도 하지만, '首'자는 단지 긴 머리를 가진 사람의 머리일 뿐이다. 금문의 '首'자에는 머리와 눈만이 있다. 지금까지 '首'에 '머리'의 뜻이 있다. '元'과 마찬가지로 '首'자에도 '첫째', '최고'라는 뜻이 있다. 그래서 '첫째'라는 뜻의 '제일第一'을 중국어로 '首先(shǒuxiān)'이라고도 하며, 국가의 최고 지도자를 '원수元首'라고 한다.

　'元', '首'의 본래 의미는 모두 머리이다. 얼굴에 있는 눈, 눈썹, 코, 입, 귀를 '오관五官'이라고 하는데, 아래에서는 오관을 나타내는 한자를 살펴보도록 하자.

目 (눈 목)

　앞에서 언급한 것처럼 금문의 '首'자의 윗부분은 머리이고 아랫부분은 눈이다. 위 그림에 있는 글자가 '目'인데, 갑골문에서 이 글자는 바로 눈을 본

뜬 것이다. 현대중국어의 눈을 뜻하는 '眼睛(yǎnjing)'은 두 개의 한자가 모두 '目'을 편방으로 하고 있다. 중국인들은 어떤 사람이 예쁜지 아닌지를 볼 때 먼저 눈을 보았다. 동양화를 그릴 때 가장 그리기 어려운 것이 눈이다. 전설에 의하면, 고대의 어떤 화가가 사찰의 담에 네 마리의 용을 그렸는데 눈만 그리지 않았다. 그는 다른 사람에게 "만약 눈을 그리면 용이 날아가 버릴 것이다."라고 말하였다. 사람들이 믿지 않자, 그는 그 중 두 마리의 용에 눈을 그렸다. 그러자 갑자기 하늘의 번개가 쳐서 담장을 부수었고 그 두 마리의 용이 하늘로 날아갔다. 그렇지만 눈을 그려넣지 않은 용은

화룡점정

여전히 벽에 있었다. 이것이 '화룡점정畵龍點睛'이라는 고사이다. 후에 사람들은 이 말을 말이나 작문을 할 때 관건이 되는 말을 더하여 내용이 더욱 생동감이 넘쳐 살아있는 것처럼 만든다는 것을 비유할 때 쓴다.

'眼睛'이라는 말 외에도 '目'을 편방으로 쓰고 있는 말이 많은데, 이들은 모두 눈과 관련이 있다.

眉 (눈썹 미)

아미산

갑골문과 금문에서 '目' 위에 필획을 더하여 '눈썹'을 나타낸다. 이 글자가 바로 '眉'이다. 중국어에서 다른 사람을 아름답다고 칭찬할 때, '眉淸目秀'(méi qīng mù xiù, 용모가 수려하다)라는 말을 쓴다. '眉'와 '目'은 사람의 모습을 대표하며, 이 구절은 사람이 아름답고 속되지 않게 생겼다는 뜻이다. 중국인들은 여성의 눈썹 중 가장 좋은 것은 길고 굽어있는 것이라고 생각하는데, 이를 '아미娥眉'라고 부른다. 중국의 스촨四川 지방에는 두 산봉우리가 서로 마주하면서 두 가락 굽은 눈썹 모양을 하고 있는 산이 있는데, 이를 '아미산娥眉山'이라고 불렀다. 후에 사람들은 '娥'자를 '山'자 방을 붙인 '峨'로 바꾸었다. 아미산은 불교의 명산이기도 하다.

看 (볼 간)

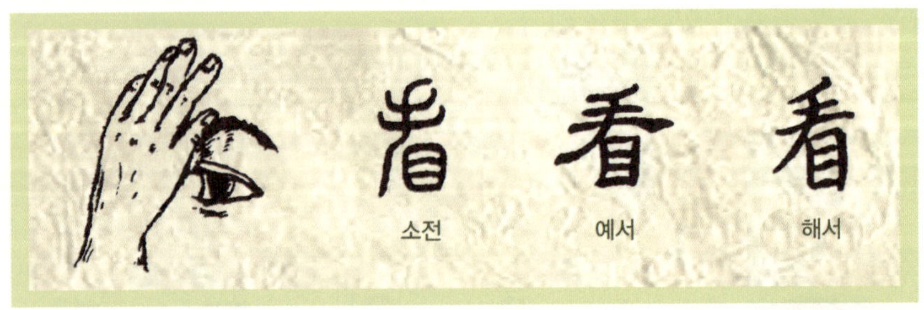

'目' 위에 한 손이 있는 것이 '看'자이다. 햇볕이 비칠 때 사람들이 물건을 분명하게 보고자 하면 이 동작을 취하게 된다. 그래서 '看'의 본래 의미는

'먼 곳을 보다'이다. 현대중국어에서 '책을 보다', '텔레비전을 보다' 등을 말할 때 모두 '看'을 쓴다.

自 (스스로 자)

눈 아래에 코가 있다. '自'의 갑골문 자형은 코의 모양을 본뜬 것이다. 이 글자는 본래 코를 가리켰다. 지금의 코를 나타내는 '鼻'자에는 아직도 '自'를 편방으로 쓴다. 중국인은 자신을 가리킬 때 자기의 코를 가리킨다. 그래서 '自'는 후에 '自己'를 뜻하게 되었다.

口 (입 구)

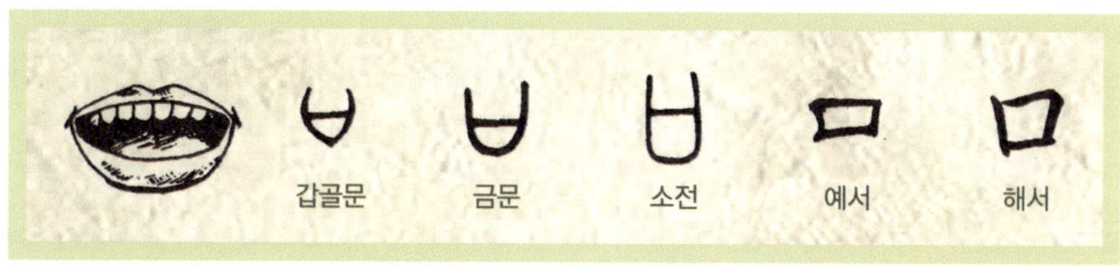

코 아래에 입이 있다. '口'는 입의 모양을 본뜬 것이다. 입으로 밥을 먹는다. 맛있는 것을 먹을 때 중국어에서는 '有口福'(yǒu kǒufú)라고 말한다. 사람이 밥을 먹지 못하면 굶어죽게 된다. 그래서 중국인은 입이 가장 중요한 기

황하의 호구폭포

관이라고 생각하였다. ‘口’는 사람이나 ‘인구’를 가리키는 경우도 있다. 중국어에서 남편과 부인을 ‘兩口子’(liǎngkǒuzi)라고 한다. 중국어에서는 사람뿐만 아니라 ‘門口’(ménkǒu, 입구), ‘路口’(lùkǒu, 교차로)처럼 다른 ‘口’를 본뜬 물건에도 ‘口’를 넣어 부른다. 황하에는 ‘壺口’(húkǒu)라고 부르는 곳이 있다. 이 지역은 넓은 황하의 물이 갑자기 아래로 떨어지면서 좁게 변하는데, 이것이 황하의 물이 마치 병 속으로 흘러들어가는 것과 비슷하기 때문에 붙여진 것이다.

‘口’는 편방으로 쓰이는데, ‘口’를 편방으로 하는 글자는 항상 먹고 마시거나 말하는 것과 관련이 있다. 중국어의 ‘먹다’를 뜻하는 ‘吃(chī)’, ‘마시다’를 뜻하는 ‘喝’(hē), ‘부르다’를 뜻하는 ‘叫’(jiào), ‘노래 부르다’를 뜻하는 ‘唱’(chàng)에는 모두 ‘口’가 있다.

甘 (달 감)

갑골문에서 ‘口’ 안에 가로획이 하나 있는 것이 바로 ‘甘’자인데, 입 안에 맛있는 음식이 있는 것을 나타낸다. ‘甘’ 본래의 뜻은 ‘맛있다’이다. 후에 ‘甘’에는 ‘달다’는 뜻이 생겼다. 물맛이 좋은 샘물을 ‘감천甘泉’이라고 한다.

舌 (혀 설)

앞에서 달다는 말을 언급했는데, 달고 달지 않고는 혀가 감각해내는 것이다. 그래서 중국어의 달다는 뜻인 '甜'(tián)자는 '舌'을 옆에 썼다. '舌'자는 입안에 음식을 토해낸 모양을 본뜬 것이다. 고문자에서 토해내는 '혀'는 왜 갈라질 수 있는가? 이것은 뱀의 혀를 가리킨다는 견해가 있다. 이는 뱀이 혀를 날름거리기를 좋아하기 때문에 뱀의 혀는 갈라져있다는 것이다.

말을 하는 것도 혀와 무관하지 않으므로 '話'(말할 화)자 역시 '舌'을 옆에 썼다. '舌'은 또 언어와 관련이 있다. 고대에 다른 언어를 할 수 있는 사람을 '중설重舌'이라고 불렀는데, 이는 마치 여러 개의 혀를 갖고 있는 것과 같다는 뜻이다.

耳 (귀 이)

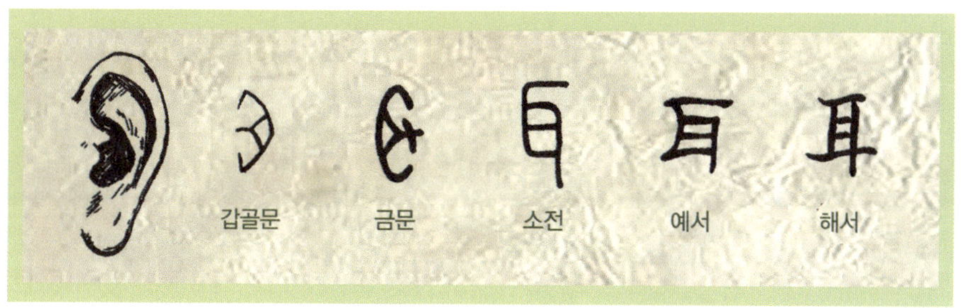

‘甘’, ‘舌’은 모두 ‘口’와 관련이 있다. 아래에서는 ‘耳’를 살펴보도록 하자. 갑골문의 ‘耳’자는 귀의 모양을 본뜬 것이다. ‘耳’는 소리를 듣는 데 사용된다. 공자는 “六十而耳順”(육십이이순 : 나이 60이 되어서는 귀가 순탄하였다.)라고 말한 바가 있는데, 이는 60세가 되었을 때에 다른 사람이 어떤 말을 하는 것을 들어도 냉정하게 대할 수 있었다는 뜻이다.

‘耳’는 편방으로 쓰일 수 있는데, ‘耳’를 편방으로 하는 자는 항상 듣는 것과 관련이 있다. 가령, ‘聽’(들을 청)과 ‘聞’(들을 문)은 본래 ‘듣다’는 뜻인데, 이 두 글자에는 모두 ‘耳’가 있다.

위에서 살펴본 한자는 모두 사람의 머리와 오관을 나타내는 것이다. 한자를 사용할 때 이러한 글자들은 다른 뜻을 파생해내어 복잡한 세계를 묘사할 수 있다.

4 | 한자와 인체(2)

노동을 하거나 길을 걸을 때 사람들은 손과 발에 의지한다. 두 손과 두 발은 '사지四肢'라고도 부른다. 아래에서는 사지와 관련이 있는 한자를 살펴보도록 하자.

手(손 수)

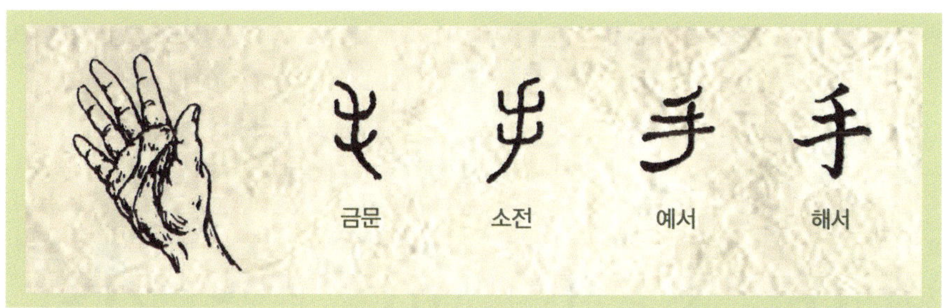

금문의 '手'자는 한 손을 펼친 모양을 본뜬 것이다. 노동을 주로 손에 의지하므로, '手'가 들어간 한자는 주로 노동을 나타낸다. 가령, 중국어에서 어떤 일을 막 시작했을 때를 '入手'(rùshǒu)라고 하며 이를 성공했을 때 '得手'(déshǒu)라고 한다. 또 일을 잘 하는 사람을 '能手'(néngshǒu)라고 부르며, 또 일하는 기술을 '手藝'(shǒuyì)라고 부른다.

左 (왼 좌), 右 (오른 우)

방위를 나타내는 '左'와 '右'도 '手'와 관련이 있다. 갑골문에서 '左'는 왼손의 모양(⸮)을 본뜬 것이고 '右'는 오른손의 모양(⸮)을 본뜬 것이다. 왜 이 두 글자는 외견상 모두 세 손가락만 있는가? 고대인들이 항상 '三'이라는 숫자를 통해 '많다'는 것을 나타냈다는 것은 이미 언급한 바 있는데, 세 손가락이 전체의 손을 대표한 것이다. '左右手'(좌우수 : 가장 믿을 수 있는 부하, 심복)라는 말은, 두 손을 가리킬 수 있을 뿐만 아니라 당신을 가장 많이 도와주는 사람을 가리킬 수도 있다.

'手'는 편방으로 쓰일 수 있는데, 때로는 '扌'로 쓸 수도 있다. '手'나 '扌'가 있는 글자는 항상 손의 동작과 관련이 있다. 가령, '拿'(붙잡을 나), '打'(칠 타), '扔'(당길 잉) 등이 이 예이다.

爪 (손톱 조)

처음 '爪'는 사람의 손톱이나 발톱을 가리켰다. 전설에 의하면, 치수로 유명한 우임금에 대해 "手不爪(수부조)"라는 말이 전해지는데, 이는 우임금이 치수를 위하여 일하느라 손의 손톱이 모두 없어질 정도였다는 것이다. 이 글자는 동물의 발톱을 가리킬 수 있다. 중국 음식 중에 '鳳爪(봉조)'라는 요리가 있는데, 이 때문에 '봉황새의 손톱'을 먹을 수 있을 것이라고 기대하지 말아야 한다. 이것은 닭의 발 요리이다.

父 (아버지 부)

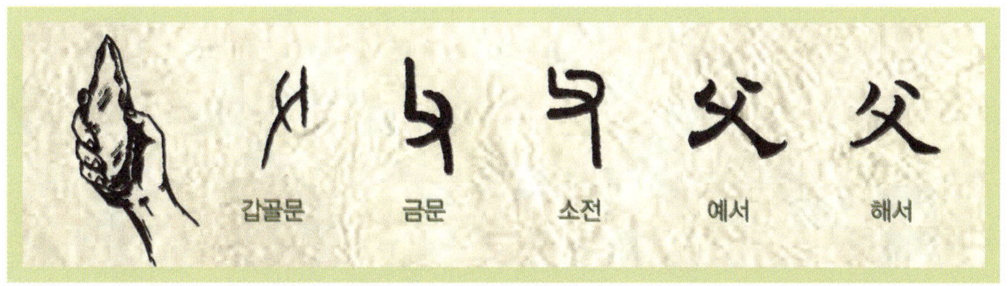

위 그림에서 손에 잡고 있는 것은 고대인들이 사용하던 돌도끼이다. 돌도끼는 힘을 대표한다. 이 글자가 '父'자이다. 현대중국어의 '爸'(bà : 아빠), '爺'(yé : 할아버지)는 모두 '父'자를 써서 만든 글자이다. 중국의 전통 가정에서 아버지는 항상 한 집안의 가장이다. '엄부자모嚴父慈母'라는 말이 있는데, 이는 "아버지는 엄격하고 어머니는 자상하다."는 뜻이다. 중국인은 부모와 자녀 사이의 관계가 특별히 중요하다고 생각하였다. 부모는 자녀에게 관심을 가져야 하고 자녀는 부모를 공경하고 효도해야 한다.

友 (벗 우)

우리는 '父'자를 통해 아버지의 권위를 알 수 있고, '友'자를 통해 친구 사이에는 서로 돕는다는 것을 알 수 있다. 고문자에서 '右'자는 두 손의 모양으로, 진十가 손을 뻗어 손을 잡는 것을 나타낸다. 고인늘은 "同志爲友."(농

지위우 : 뜻을 같이 하는 사람이 친구이다)라고 생각했다. 이 말은 공동의 지향을 가진 사람만이 자기의 친구라는 뜻이다. 앞에서 '松'(소나무), '竹'(대나무), '梅'(매화)는 '세한삼우歲寒三友'라고 말했는데, 이 세 가지 식물은 모두 추위를 두려워하지 않고 '굳센' 성질을 갖고 있기 때문이다. 중국인들은 친구를 매우 중시한다. 공자는 "友直(우직), 友諒(우량), 友多聞(우다문)."이라고 말한 적이 있다. 이 말은 정직한 친구를 사귀고 성실한 친구를 사귀고 식견이 풍부한 친구를 사귀여야 한다는 뜻이다.

攴 (칠 복)

'攴'은 '父'자가 아니며, 손에 들고 있는 것이 도끼가 아니고 막대기이다. 막대기를 들고 어떤 물건을 때리려고 하는데, 이것이 '攴'자이다. 이 글자는 항상 편방으로 쓰이며 '攵'으로 쓴다. '攵'이 있는 글자는 항상 '때리다'라는 뜻이 있다.

牧 (칠 목)

막대기로 소를 모는 것은 소를 방목하는 것을 나타내며, 이것이 '牧'자이다. 양을 방목하는 것도 '牧'이라고 할 수 있다. 중국에는 '소무목양蘇武牧羊'이라는 고사가 있다. 소무는 한나라(B.C.206~220) 시대의 대신이다. 한나라에서 그를 흉노에 사신으로 파견하였는데, 흉노는 그가 투항하도록 설득하였다. 소무가 동의하지 않자 흉노는 그를 북해로 가서 양을 치도록 하면서 "숫양이 새끼 양을 낳을 때가 되면 당신을 돌아가게 하겠다."라고 말했다. 이렇게 해서 소무는 19년 동안 북해에서 기다리면서 끝내 투항하지 않았고 결국 한나라에서 그를 구해서 돌아오게 되었다.

소무목양(蘇武牧羊)

'攵'을 편방으로 하는 글자로는 '攻'(칠 공), '敎'(가르칠 교), '收'(거둘 수), '數'(셀 수) 등의 글자가 더 있다.

이제 '발'과 관련된 글자를 보도록 하자. 사람은 발로 걷는다. 이러한 글자는 항상 걸어가는 것과 관련이 있다.

止 (발 지)

이것은 발 모양을 본뜬 것이다. '止'자의 본래 의미는 '발'이다. 현대중국어에서 발가락을 뜻하는 단어인 '脚趾(jiǎozhǐ)'에 쓰인 '趾'에 이 글자가 들어있다. 사람이 멈추어 서 있으려고 하면 발은 움직일 수 없다. 그래서 후에

'止'자에 '정지'의 뜻이 생겨났다. '학무지경學無止境'이라는 성어가 있는데, 사람이 끊임없이 배워야 하고 멈추어서는 안 된다는 뜻이다.

足 (발 족)

'足'자의 아랫부분 '止'는 발이고 윗부분 '口'는 종아리이다. '足'은 본래 종아리와 발을 가리켰는데 '발'만을 나타낼 수도 있다. 중국인들은 형과 동생이 마치 자기의 손이나 발처럼 중요하다고 생각하여 '手足(수족)'은 형제간의 감정을 나타낼 때 자주 사용된다.

'足'은 편방으로 쓸 수 있는데, 이때는 '⻊'으로 쓴다. '足'을 편방으로 하는 글자는 항상 발의 동작과 관련이 있다. 가령, '跑'(달릴 포), '跳'(뛸 도), '踢'(찰 척) 등이 그 예이다.

走 (달릴 주)

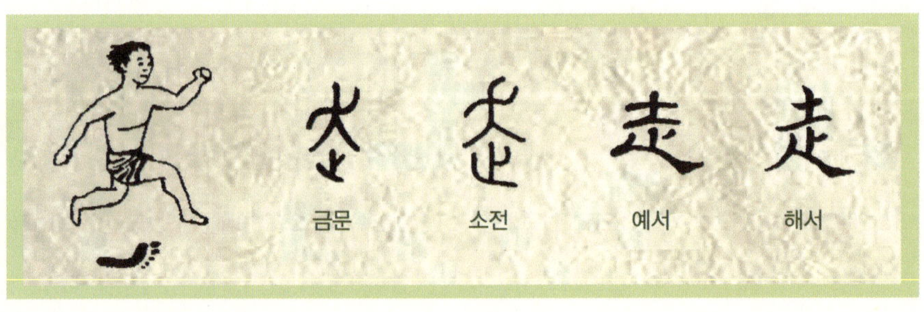

　　이 글자의 아랫부분은 '止'이고, 윗부분은 팔을 힘차게 휘저으며 달려가는 사람을 닮았다. 이것이 '走'자이다. '走'는 본래 '달리다'는 뜻인데, '주마관화走馬觀花[11]'라는 성어에 쓰인 '走'자가 바로 이 뜻이다. 현대중국어에서 어떤 사람이 매우 빨리 달릴 때 이를 그가 '走及奔馬'(zǒu jí bēn mǎ)한다고 말하는데, 이는 그 사람이 달릴 때에 달리는 말을 따라잡을 수 있다는 뜻이다. 현대중국어에서 일반적으로 걸어가는 것을 모두 '走'라고 써서, 방문하다는 말조차 '走'라고 말할 수도 있다. 중국인들이 해를 넘기면서 친척집을 방문하는 것을 '走親戚'(zǒu qīnqi)라고 말한다.

步 (걸음 보)

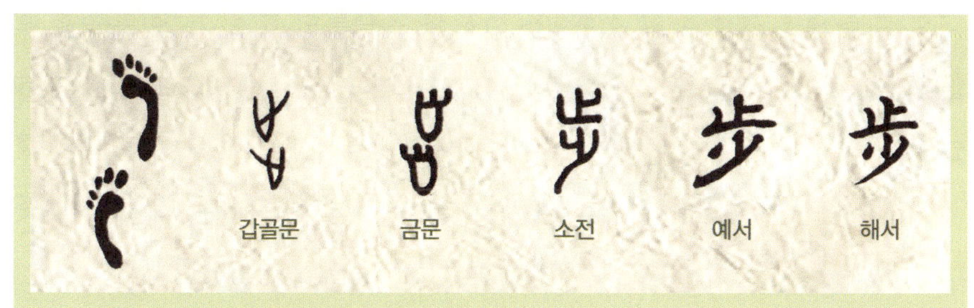

　　'走'의 본래 뜻은 '달리다'이다. 사람이 달려갈 때에는 한쪽 발만 땅을 딛게 되므로 '走'는 하나의 '止'만이 있다. 그런데 '步'자는 두 개의 '止'가 있어서 앞뒤의 두 발을 나타낸다. 이것이 '步'자로, 본래의 뜻은 '발걸음을 내디디다'는 뜻이다. '오십보소백보五十步笑百步'라는 재미있는 말이 있다. 이 말은 '50걸음으로 100걸음을 비웃다'는 말이다. 전쟁 중에 병사들이 무서워서 도망가려고 했는데, 어떤 병사는 50걸음을 도망갔고 어떤 병사는 100걸음을

11　주마간산(走馬看山)과 동일한 의미를 갖고 있는 성어. 말을 달리면서 꽃을 본다는 말로 겉모습만 대충 본다는 뜻이다.

도망갔다. 그런데 50걸음을 도망간 병사가 100걸음을 도망간 병사를 겁이 많다고 비웃은 것이다. 사실 두 사람 모두 겁이 많은 것이다.

涉 (건널 섭)

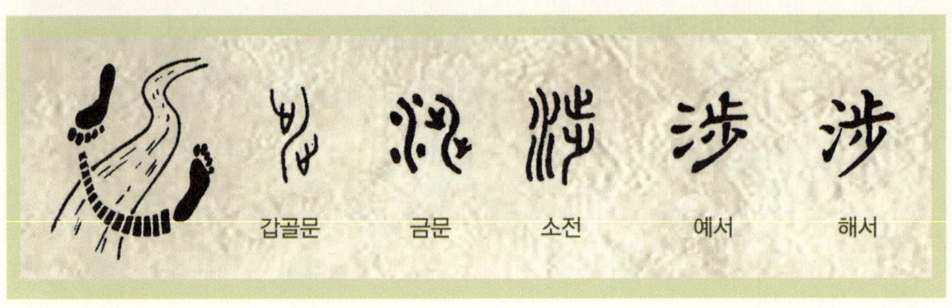

'步'자는 두 발 사이에 물이 있어서 두 다리가 물을 건넜음을 나타낸다. 이것이 바로 '涉'자인데, '물을 건너다'는 뜻이다. 옛날 사람들은 물가에서 생활할 때 배가 적어서 물을 건너려면 두 발에 의지해야만 했다.

인체와 관련이 있는 한자는 '肉'자를 써서 만든 것이 많다. 후에 '肉'은 '臉'(얼굴 검), '腿'(정강이 퇴), '肚'(배 두), '胃'(밥통 위) 등처럼 '月'로 썼다.

고대인들은 자신을 자세하게 관찰하여 이처럼 사람과 관계가 있는 한자가 풍부해졌다. 이와 같은 한자에서 우리는 인체 자체에 대한 중국인의 인식을 알 수 있다.

제 5 장

한자와 생활

사람들은 생활 속에서 한자를 만들어내었다. 그래서 한자는 의식주나 이동과 같은 생활상의 여러 측면을 반영하고 있다.

1 한자에 쓰인 의복

먼저 의복과 관련된 한자를 살펴보도록 하자.

衣 (옷 의)

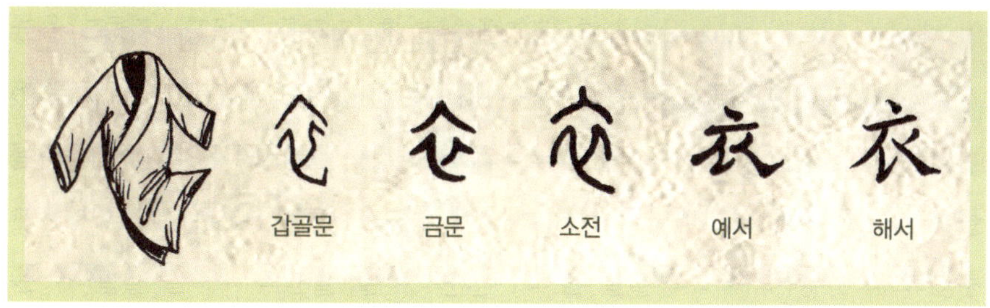

위 그림이 '衣'자이다. '衣'는 상형자인데, 고문자 '衣'는 고대의 의복을 매우 닮았다. 윗부분 '人'는 옷깃이고 아랫부분 '𠃊'는 교차된 옷자락이며, 양쪽의 'ㅎ'는 옷소매이다. 고대 '衣'의 뜻은 '옷을 입다'이다. 현대중국어에서 '衣'자는 모든 의복을 가리킨다. 고대 중국인은 상의는 넓은 소매가 있는 긴 옷을 입었고 하의는 치마와 비슷한 '裳'(치마 상)을 입었다. 한족은 농경민족이기 때문에 이렇게 입는 것이 생산과 생활에 편리하였다.

복장의 개혁은 시대의 요구에 따르기 위한 것이다. 고대 중국의 조趙 나라 국왕인 무령왕武靈王은 국가의 군사력을 강화시키기 위하여 군대와 국민들이 한족의 의복을 입지 않고 북방 소수민족의 의복을 입고 말 타는 것을 학습하도록 결정하였다. 고대 중국에서 북방의 소수민족을 '호胡'라고 불렀는데, 그

후난성(湖南省) 창사(長沙)의 마왕퇴(馬王堆) 한묘
(漢墓)에서 발굴된 한나라 때의 소사선의(素紗襌衣)

래서 위 이야기를 '호복기사胡服騎射'[12]라고 부른다.

의복의 양식은 변화하는 것이며, 사람들에게는 각양각색의 의복이 있다. 가령, 현대중국어에서 의복을 나타내는 단어인 '毛衣'(máoyī : 털옷), '皮衣'(píyī : 가죽옷), '運動衣'(yùndòngyī : 운동복), '泳衣'(yǒngyī : 수영복), '雨衣'(yǔyī : 비옷) 등에는 모두 '衣'라는 한자가 들어있다. '衣'는 한자에서 의미부, 즉 형방이 될 수 있는데, 글자의 왼편에 쓰일 때에는 '衤'로 쓰고 아래쪽이나 오른쪽에 쓰일 때에는 '衣'로 쓴다. 이 글자들은 대부분 의복과 관련이 있다. 가령, 裙(치마 군), 褲(바지 고), 襯(속옷 친), 衫(윗도리 삼), 袍(솜옷 포), 裝(옷차림할 장) 등이 그 예이다. 자세하게 살펴보면, 이 글자의 편방에 쓰인 '衤'가 '衣'의 변형이므로, 옷깃, 옷자락, 옷소매도 모두 '衤'로부터 찾아볼 수 있는 것이다.

그렇다면 고대의 의복은 무엇으로 만들었는가? 의복을 만드는 재료로는 棉(목화 면), 麻(삼실 마) 외에 絲(실 사)가 있다.

絲 (실 사)

---

12 조나라 무령왕(B.C.325-B.C.299 재위)이 쓴 정책으로, 오랑캐복장을 입고(胡服) 말 타고(騎) 활 쏘다(射)는 뜻이다.

위 그림이 '絲'자이다. '絲'는 상형자로 두 묶음의 실을 본뜬 것이다. 현대의 한자 '絲' 역시 실을 하나로 묶어놓은 모양임을 알 수 있다.

중국의 서한시대西漢時代(B.C.206~25) 한나라 무제武帝는 서역지방의 대월지大月氏와 연합하여 북방의 흉노에 맞서기 위해 장건張騫을 여러 번 서역 지방에 사신으로 보냈다. 장건은 장안長安(지금의 시안)에서 출발하여 지금의 간수甘肅, 신장新疆 지역을 거쳐 중앙아시아에 도착하였다. 장건은 한나라의 실크를 서역 지방에 가져갔는데, 실크가 크게 환영을 받았다. 후에 상인들이 이 길을 통하여 실크를 운반하게 되었다. 그래서 역사상 장건이 지나간 길을 '실크로드(Silk Road)'라고 부른다. 당나라(618~907) 때에 이르러 중국의 실크는 중앙아시아에서 유럽으로 전해졌다.

누에

누에고치

중국인은 일찍부터 뽕나무를 심어 누에를 길렀다. 누에가 알에서 부화된 지 한 달 이후 실을 토해내서 누에고치가 되면서 자신을 감싸게 된다. 이 고치를 뜨거운 물에 삶은 후 실의 끝을 찾아 실을 추출해낸다. 이 실의 길이가 1,000미터까지 이를 수 있다. 이 실을 이용하여 실크나 각종 견직물을 만들고 아름다운 의복을 만들 수 있다.

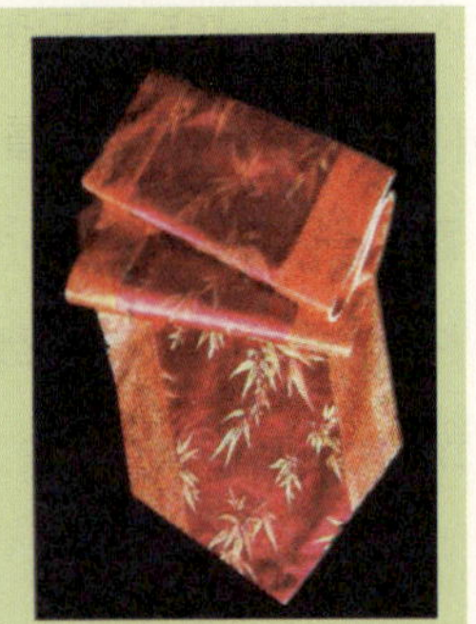

누에고치실을 가공하는 공장 · 실크

'絲'자가 편방이 될 때에는 '糸'(실 사 방)으로 쓰이는데, 뜻은 대체로 실이나 줄과 관련이 있다. 가령, '繩'(줄 승), '結'(매듭지을 결), '編'(엮을 편), '紡'(실을 뽑을 방), '綢'(얽힐 주), '絹'(명주 견) 등이 그 예이다. 또 천을 만든 이후 여러 색으로 염색하게 되는데, 이 때문에 색을 나타내는 단어 중에는 '紅'(붉을 홍), '綠'(초록빛 록), '紫'(자줏빛 자)처럼 '糸'가 들어간 것이 있다.

2 한자에 쓰인 음식

중국인들은 먹는 것을 매우 중시하는데, "백성은 음식을 하늘로 삼는다." 라는 말이 있을 정도이다. 이처럼 사람들에게 먹는 것은 중요한 일이다. 이 러한 관념은 한자에도 반영되어 있다.

食 (먹을 식)

위 그림이 '食'자이다. 갑골문의 '食'자는 음식물을 가득 담은 그릇의 모양을 본뜬 것이다. 윗부분 'Λ'은 삼각형의 덮개를 본뜬 것이다. 이 삼각형이 사람의 입을 본뜬 것이고 그 바로 아래의 두 점 ' ˎ '은 사람에게서 흘러내리는 침이라고 주장하는 사람도 있다. 아랫부분 ' '은 음식물을 가득 담은 그릇을 본뜬 것이다. '食'과 같은 그릇은 양식을 담을 수 있어서 '食'이 주식을 가리키기도 한다. 성어 '廢寢忘食(폐침망식)'**13**에 쓰인 '食'처럼, 모든 음식물

---

13 廢寢忘食(폐침망식) : 잠도 안 자고 밥 먹는 것도 잊는다는 말로, 매우 열심히 공부하는 것을 가리킨다.

을 나타내기도 한다. 또 '食'은 '食堂(식당)'이라는 말에 쓰인 '食'처럼 먹는 동작을 나타낼 수도 있다. '食'이 현대중국의 한자에서 편방이 될 때에는 '饣'(밥 식 방)으로 쓰인다. '食'을 가진 글자는 대부분 먹는 것이나 먹는 동작과 관련이 있다. 이러한 글자로는 '飮'(마실 음), '飯'(밥 반), '餠'(떡 병), '饑'(굶주릴 기), '餓'(굶주릴 아), '飽'(배부를 포) 등이 있다.

밥을 할 때 필요한 것은 무엇인가? 고대에는 전기가 없었고 가스도 없었으므로 단지 불을 이용하여 음식물을 가열하였다.

火 (불 화)

'火'의 갑골문 자형은 활활 타오르는 불꽃을 많이 닮아있다. 불꽃의 모양은 선명하고 움직이는 듯하다.

고대 중국의 전설에 따르면, 아주 오래 전에 '수명국燧明國'[14]이라는 나라가 있었다고 한다. 이 나라에는 사계절이 분명하지 않고 대낮도 없었다. 이 나라 사람들은 죽을 수도 없어서, 만약 더 살고 싶지 않으면 하늘로 올라가 신선이 될 수 있었다. 이 나라에 '수목燧木'(부싯돌나무) 혹은 '화수火樹'(불나무)라고 부르는 나무가 있었는데, 두께가 수만 미터나 되고 높이는 구름에 도달할 정도였다. 어떤 새 한 마리가 부리로 이 나무를 쪼았는데 불꽃이 일어나는 일이 생겼다. 한 뛰어난 사람이 이 모습을 보고 계발을 받아 나무를

---

14 '燧'자는 '부싯돌'을 뜻하므로, 이 전설에는 '燧'자가 계속 등장한다.

꺾어 나뭇가지에 불을 지폈다고 한다. 사람들은 이 사람을 '수인씨燧人氏'라고 불렀다.

'炙'(고기구울 자)는 고대에 '炙'라고 썼는데 윗부분은 '肉'으로 고기를 나타내고 아랫부분은 '火'이다. '炙'는 불로 고기를 굽는 것이다. 사람들이 불을 써서 밥을 짓기 때문에, '爐'(화로 로), '煙'(연기 연), '煤'(석탄 매), '燒'(불사를 소), '烤'(불에 구울 고), '炖'(삶을 돈) 등 밥을 짓는 것과 관련이 있는 글자에는 모두 '火'를 쓰고 있다. 불은 또 조명으로 쓸 수도 있어서 '燭'(촛불 촉), '燈'(등불 등) 등의 글자에도 모두 '火'를 편방으로 하고 있다. '火'가 편방이 되어 글자의 아랫부분에 쓰일 때에는 '灬'가 된다. 가령, '熱'(뜨거울 열), '烈'(세찰 렬), '煮'(삶을 자), '熟'(익을 숙) 등이 이 예이다.

수인씨가 나뭇가지에 불을 지피다

사람이 화가 나서 성을 낼 때 이 사람은 불에 타기 시작하는 것처럼 되는데, 그래서 현대중국어는 이러한 모습을 형용하여 "他發火了."(그가 화를 낸다)[15]라고 말한다.

오른쪽 그림을 보면 이 사람의 얼굴은 전체가 붉게 변하고 머리털이 곧게 섰으니 정말 불이 붙었다는 것을 알 수 있다.

밥을 지을 때 불을 쓴다고 해서 불만 있으면 밥을 지을 수 있는 것인가? 중국의 속어에 "巧婦難爲無米之炊."(Qiǎo fù nán wéi wú mǐ zhī chuī.)라는 말이 있다. 쌀이 없다면 아무리 총명한 주부라도 밥을 지을 수 없다는 말이다.[16] 쌀은 중국에서 가장 중요한

화를 낸 사람의 모습

---

[15] 현대중국어에서 '發火'는 원래 '불을 붙이다'는 뜻인데 그 뜻이 확대되어 '화를 내다'는 뜻으로 쓰이는 것이다.

주식이다.

米 (쌀 미)

‘米’의 갑골문은 많은 쌀알이 흩어져 있는 것을 본뜬 것이며, 중간에 있는 가로획은 쌀을 담는 도구의 간격을 나타낸다. 중국은 쌀을 경작한 최초의 국가이며, ‘大米’(쌀), ‘小米’(좁쌀), ‘黑米’(검은 쌀), ‘紫米’(자주색 쌀)처럼 쌀의 종류도 많다. ‘米’자를 써서 만든 글자는 모두 음식물과 관련이 있다. 가령, ‘粮’(양식 량), ‘糖’(사탕 당), ‘糕’(떡 고), ‘粉’(가루 분), ‘糊’(붙이는 풀 호), ‘粒’(쌀알 립) 등이 이 예이다. 쌀은 오래 끓여서 죽을 만들 수 있는데, 이 때문에 ‘粥’(죽 죽)자에도 ‘米’가 들어있다.

고대 중국의 위대한 시인인 굴원屈原은 초楚나라 사람으로, 정직하고 조국을 사랑했는데도 모함을 받아 유배당하였다. 후에 초나라가 망하자 굴원은 매우 상심하여 음력 5월 5일 멱라강汨羅江에 뛰어들어 자살하였다. 이때부터 그의 고향 사람들은 이날이 오면 쌀밥을 싸서 강물에 던져 그를 기념하였다. 이날이 중국의 전통명절인 단오절이 되었다. 이 밥 덩어리를 쫑즈粽子(zòngzi)라고 하는데, 이 ‘粽’자에도 ‘米’가 들어있다.

---

16 이 말은 현대중국어에서 “아무리 훌륭한 인재라 할지라도 여건이 갖추어지지 않으면 어떤 일도 성사시키기 어렵다”라는 뜻으로도 쓰인다.

굴원동상   쫑즈

다음 글자는 '禾'(벼 화)이다.

禾(벼 화)

'禾'는 논에 심는 벼를 가리키며, 자형은 뿌리와 잎을 가진 벼가 묵직하게 이삭이 패여 머리를 숙인 모양을 본뜬 것이다. '種'(씨 종), '稼'(심을 가)처럼 '禾'를 편방으로 하는 자는 대부분 농작물과 관계가 있다. 중국은 농업국이기 때문에 식량은 사람들에게 매우 중요하다. 사람들은 식량을 하늘이 준 신령스러운 것으로 보아 아름다운 것을 상징한다고 여겼다. 이 때문에 '嘉禾(가

화)'[17]라는 말이 있는데, 이는 식량 작물을 상서로운 징조를 나타낸다고 본 것이다.

중국에는 식량 작물이 많이 있다. 7,000여 년 전 중국인들은 양자강 유역에서 벼를 심기 시작했고 6,000여 년 전에 이미 황하 유역에서 광범위하게 조를 파종하였다. 상나라와 주나라 시대에 밀은 이미 북방 사람들의 주요한 식량작물이 되었다. 이 때문에 중국 고대에는 벼稻, 기장黍, 조粟, 보리麥, 콩菽의 다섯 가지 주요 식량작물을 오곡五穀이라 불렀다. 이 다섯 가지 식량작물의 명칭은 아주 오래전부터 한자로 나타냈다. '稻'(벼 도)자의 금문은 '🖐'라고 쓰는데, 바람을 맞으며 손으로 쌀을 찧는 모습을 생동감 있게 묘사하고 있다. 현대 한자 '稻'에 있는 '禾'는 논벼가 벼과식물임을 나타내며, '臼'는 벼를 담는 그릇이며, '爫'는 손으로 벼를 담고 있는 모습을 나타낸다.

중국에서 가장 중요한 명절은 '춘제春節'라 부르는 설날이다. 중국인들은 '설을 보내다'는 말을 '해를 보내다過年'라고도 말한다. 그렇다면 여기에 쓰인 '年'이란 무슨 뜻인가?

年 (해 년)

'年'자는 중국인이 매우 좋아하는 글자인데, 최초의 뜻은 우리가 현재 말

---

17 '嘉禾'는 글자 그대로 해석할 경우 '아름다운 벼', '이삭이 많이 붙은 큰 벼'를 뜻하는데, 상서로운 징조를 나타내는 말로 쓰인다.

하는 시간 단위로서의 해가 아니다. '年'의 갑골문을 보면 윗부분은 '禾'이고 아랫부분은 '人'이다. 전체 글자가 묘사하는 것은 어떤 사람이 한 묶음의 벼를 등에 지고 있는 모습으로, 농사를 지어 수확한다는 뜻을 갖고 있다. 따라서 '年'의 최초 의미는 '수확'이다.

북경의 천단공원의 기년전祈年殿은 풍성한 수확을 기원하는 곳이다. 옛날 농사에서는 한 해에 한 번만 수확하기 때문에 '年'에는 '해'의 뜻이 있게 되어 '一年'이 한 해라는 말이 되었다. 그렇다면 왜 '설을 보내다'는 말을 '해를 보내다過年'라고도 말하게 되었는가? 원래 '過年'이라는 말은 상나라 때 '납제臘祭'라고 부르는 제사에서 기원한다. 일 년 내내 사람들은 힘들게 농사를 짓고 풍성한 수확을 거두게 된다. 음력 12월인 납월臘月이 되면, 사람들은 하늘과 땅의 신 그리고 조상의 보살핌에 감사하고 동시에 다음 해의 풍년을 기원하기 위하여 축하와 제사를 지내게 된다. 이러한 활동을 후에 '過年'이라 불렀다.[18] 만약 여러분이 직접 중국인의 풍속을 체험해보고 싶다면, 가장 좋은 선택은 중국에서 중국인과 함께 설을 한 번 지내보는 것이다. 이렇게 하면 명절의 기분을 충분히 느낄 수 있으며 또한 중국 특색의 맛있는 음식을 많이 먹어볼 수 있다.

설을 보낼 때는 당연히 술을 마셔야 한다. 3천여 년 전인 상나라 때 중국인들은 술을 만들 수 있었다. 술은 고대에 매우 중요한 것이었는데, 이는 각종 제사나 의례에서 술로 신과 조상에게 제사를 지냈기 때문이다.

---

18 원래 납제(臘祭)는 음력 12월 8일부터 시작해서 다음 해 정월 대보름까지 이어졌다고 한다. 이 때문에 현대 중국에서는 여전히 음력 12월 8일을 '납팔일(臘八日)'이라 하여 중시하며 또 정월 대보름이 되어서야 설 명절이 완전히 끝난다고 생각한다.

酒 (술 주)

이것이 '酒'자이다. 자형을 보면 최초의 술을 나타내는 글자는 '酉'로 썼는데, 이것은 술 단지의 모양이다. 처음 사람들이 술 단지의 형상으로 술을 나타냈다. 후에 '酉'자가 십이지의 하나로 사용되자 술이 액체라는 점에 착안하여 '酉'자의 좌변에 'ⅰ'를 더해서 지금 우리가 아는 '酒'자가 되었다. 한나라 때의 사전인 ≪설문해자說文解字≫에는 '酉'가 편방으로 쓰인 글자가 60여 자 있는데, 이는 중국의 술 문화가 매우 오래되었다는 것을 설명하기에 충분하다.

고대 중국에서 물건을 담는 용기의 종류는 다양하다. 앞서 살펴본 술 단지는 술을 담는데 쓰는 것이고, 그 밖에 가장 보편적으로 많이 보이는 것이 '皿'이다.

皿 (그릇 명)

‘’이 ‘皿’자이다. 윗부분은 사물을 담는 용기이고 아랫부분은 받침대이다. 현대의 한자에서 ‘皿’자를 편방으로 쓴 글자는 대부분 그릇과 관계가 있다. 가령, 평시 세면할 때 쓰는 것은 ‘盆’(대야 분)이고, 맛있는 향이 나는 음식이 다 만들어지면 ‘盤’(소반 반)을 써서 담아야 하고, 또 맛있는 사탕은 ‘盒’(상자 합) 안에 놓으며, 친구들이 함께 백주를 마실 때 쓰는 것은 酒‘盅’(작은 잔 충)이다. 이것은 모두 평소 사용하는 그릇 종류이다. 여기에 물건을 담는 것을 ‘盛’(담을 성)이라고 한다. ‘皿’은 우리의 일생생활에서 중요한 작용을 한다.

3 | 한자에 쓰인 이동

앞에서 고대 중국인들이 먹고, 입고, 사용하는 것에 대해 언급했는데, 이제 생활의 또 다른 중요한 부분인 이동에 대해 살펴보도록 하자.

行(길 항/갈 행)

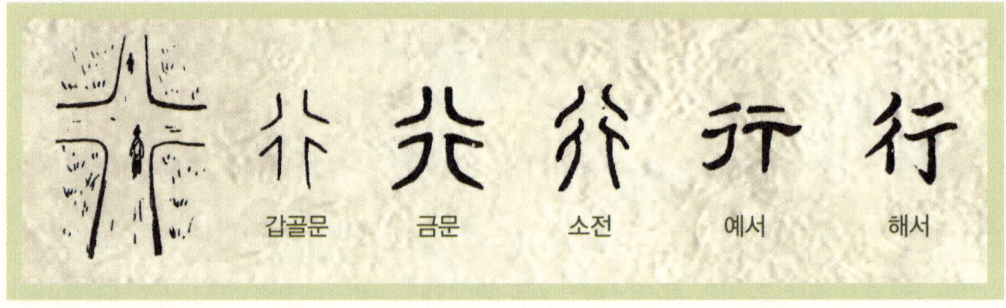

고대나 현대나 교통은 모두 중요한 문제이다. 교통이 편리하면 사람 사이에 교류가 쉬워진다. 이것이 '行'(길 항)자인데, 우리가 항상 다니는 사거리의 모양을 본뜬 것이다. 그래서 '行'의 최초의 의미가 '큰 길, 대로'임을 알 수 있다. 길은 사람들이 다니는 곳이므로 '行'은 '다니다', '보행'을 나타낸다. 가다는 의미일 때 '행'으로 읽는다. 우리가 가는 큰 길이 바로 '街'(거리 가)이다.

길이 있어서 우리가 어디든지 갈 수 있지만, 마차를 탄다면 걸어가는 것보다 더

마차

빠르다. 그래서 사람들이 마차를 발명하였다. 지금 우리가 집을 나설 때 자동차, 기차, 전차를 탈 수 있으며 또한 자전거를 탈 수 있다. 중국은 세계적으로 '자전거왕국'으로 유명하다. 그렇지만 고대 중국에서 사람들이 탈 수 있는 것은 마차馬車와 소가 끄는 수레이다.

車 (수레 거/차)

이것이 '車'자이다. 갑골문과 금문의 '車'자에서 그리고 있는 것은 두 바퀴 마차의 수레바퀴와 수레의 축, 그리고 사람이 타는 곳의 모양이다.

생활 속에서 바퀴를 가지고 있으며 움직이는 사물을 '車'라고 하는데, '風車'(풍차), '水車'(수차, 물레방아), '紡車'(방차, 물레) 등도 여기에 속한다.

'車'가 육지에서 중요한 교통수단이라면 물에서 우리는 무엇을 타는가? 당연히 배인데, 이 배를 고대에는 '舟'라고 불렀다.

舟 (배 주)

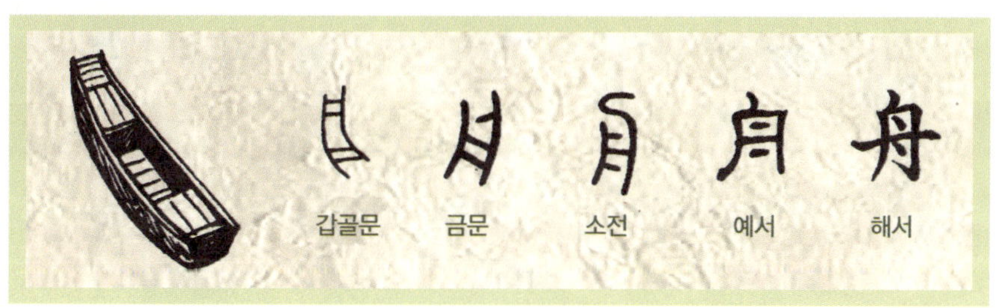

이것이 '舟'자인데, 굽어있는 작은 배 한 척을 본뜬 것이다. 현대중국어에서는 모든 배를 '船'(배 선 : chuán)이라고 부른다. 배에는 여러 종류가 있는데, 큰 것으로는 '輪船'(화륜선, lúnchuán)이 있고 작은 것으로는 '獨木舟'(카누, dúmùzhōu)가 있다.

4 | 한자에 반영된 기타 생활

현대 생활에서 물건을 구입하려면 돈을 써야 한다. 이때 지폐나 동전을 쓰거나 때로는 신용카드를 쓸 수도 있다. 그렇지만 과거 이런 것이 없었을 때 사람들은 무엇을 가지고 교역을 하였는가? 그것은 바로 조개껍데기이다.

貝 (조개 패)

이것이 '貝'자인데, 열려있는 조개껍데기의 모양을 본뜬 것이다. 고대인들이 만든 이 '貝'자는 남쪽 바다에 있는 아름다운 바닷조개를 가리킨다고 한다. 내륙에 사는 사람들은 이러한 바닷조개를 만날 기회가 적다. 이 때문에 이 조개가 황하 유역에 전해졌을 때 사람들은 이것을 매우 좋아했고 이 조개가 쉽게 얻을 수 있는 것이 아니었기 때문에 상당히 귀중한 것으로 여겼다. 사람들은 조개를 진귀한 예물로 여겼고 또 다른 사람들과 물건을 교환하는 데에 썼으며, 점차 이 조개는 화폐가 되었다. 금속화폐가 출현한 후 조개껍데기가 다시 돈으로 사용되지 않았다. 고고학 발굴에서 아주 많은 고분에서 바닷조개껍데기를 발견하였다. 가령, 상나라 시기의 여장군인 부호婦好19의 것으로 알려진 무덤에서 수천 개의 바닷조개껍데기가 발굴되었는데, 이는 그녀의 지위가 매우 높고 재산이 많았음을 알려준다. 그밖에 현대 중국인들이 자주 쓰는 '寶貝'(bǎobèi)'라는 말이 있는데, 이는 귀중한 물품을 나타내는 것 외에, 부모에 의해 자기의 아이를 가리키는 말로 쓰여 '귀하게 여기다', '지극히 사랑하다'는 뜻을 가지고 있다.

조개껍데기가 화폐로 충당된 적이 있어서 재산의 상징이므로, 한자에서 '貝'자를 포함한 글자는 대부분 돈이나 귀중한 물품과 관련이 있다. 가령, '財'(재물 재), '貨'(재화 화), '貿'(바꿀 무), '資'(재물 자), '費'(쓸 비) 등이 이 예이다.

이제 우리가 학습할 때에 없어서는 안 될 필기구를 살펴보자.

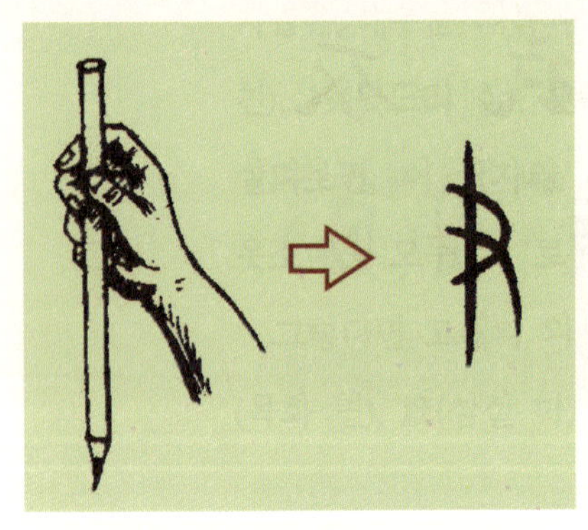

손으로 붓을 잡고 있는 모양

현재 사람들이 글을 쓸 때 사용하는 것은 볼펜, 만년필, 연필 등이 있다. 그러나 중국인들이 가장 이른 시기에 사용한 것은 붓, 즉 '筆'(붓 필)이다. 갑골문에 쓰인 이 글자는 '聿'(聿, 붓 율)인데, 한 손으로 작은 나무 자루를 잡고 글을 쓰거나 그림을 그리는 모양을 본뜬 것이다.

이 그림은 상나라 때 사람들이 이미 붓을 발명하여 사용했음을 알려준다. 갑골에 보이는 문자는 먼저 붓을 써서 쓴 다음 칼로 새긴 것이 많다. '筆'자는 갑골문의 '聿'자를 기본으로 하여 여기에 '竹'을 더하여 만들어졌다. 우리는 '筆'자를 통해 대나무로 붓의 자루를 만들었음을 알 수 있다. 또 다른 이야기로는, 진시황 시기의 대장군 몽염蒙恬이 동물의 털을 대나무 관 속에 넣어서 붓을 만들었다고 한다. '筆'자는 현대 중국에서 간략하게 변하여 '笔'로 쓰는데, 이것은 생동

---

19 부호(婦好)는 상나라 후기 군주인 무정(武丁)의 아내이며, 당시의 군사전략가이자 권력자로 알려져 있다.

문방사우

감 있는 글자로서 대나무로 된 통과 동물의 털을 함께 넣은 것이 바로 '筆'임을 알려준다.

고대로부터 보존된 대량의 서예와 회화 작품은 모두 붓을 써서 완성한 것이다. 중국에서 '문방사보文房四寶'[20]라고 하는 말은 글을 쓰거나 그림을 그리는 데 중요한 네 가지 도구를 말하며, 筆(붓 필), 墨(먹 묵), 紙(종이 지), 硯(벼루 연)을 가리킨다. 이 네 가지 보물의 순서를 통해서도 붓이 중국의 문화사에서 얼마나 중요한 지위를 차지했는지를 알 수 있다.

붓이 있어야만 글자를 쓰고 그림을 그릴 수 있다.

畵 (그림 화)

이것이 '畵'자이다. 갑골문의 '畵'자는 어떤 사람이 붓을 잡고 아름다운 그림을 그리는 것을 본뜬 것이다. 이것이 '畵'의 본래 의미이다. 금문은 갑골문 자형에 '田'자를 더한 것인데, 밭의 경계를 그린다는 뜻을 갖고 있다. 현대

---

[20] 우리는 '문방사우(文房四友)'라는 말을 더 많이 하는데, 중국에서는 이를 '문방사보'라고 쓴다. 또한 그 순서에 있어서 우리는 종이를 앞세우는 경우가 많지만, 중국에서 '문방사보'를 말할 때에는 붓을 먼저 언급한다.

중국에서 간략하게 사용하는 글자는 '画'인데, 이는 소전체 자형의 아랫부분을 개조한 것이다.

미술을 말했으니 이제 음악을 살펴보도록 하자.

樂 (음악 악)

이것이 '樂'자이다. 갑골문 '樂'자의 아랫부분은 나무(木)이고 윗부분은 실로 이루어진 현이다. 이것은 현악기가 나무틀 위에 놓인 모양이다. 금문의 '樂'자는 갑골문 자형에 '❂'를 첨가하였는데, 이는 큰 북, 혹은 악기를 두드리는 도구를 본뜬 것이다. 이를 통해 전체 글자는 나무틀 위에 현악기와 타악기가 놓여 있는 모습으로 변했다. 그래서 우리는 '樂'의 본래 의미는 현악기를 가리키는 것이었다가 후에 모든 악기의 총칭이나 음악을 가리키게 되었음을 알 수 있다. 현대 중국에서 사용하는 간략화된 글자 '乐'자는 초서체의 자형 '乐'에서 온 것이다.

중국 민족 악기 : 피리, 비파, 얼후(二胡), 고쟁

　중국은 음악을 좋아하는 국가이며, 고대에 음악과 시가는 밀접하게 관련되어 있다. 고대의 시경으로부터 운을 중시한 당나라 때의 시, 그리고 정감이 깊은 송나라 시기의 노래가사인 사詞는 모두 음악과 함께 서로 노래를 주고받은 것이다. 고대인들은 사람들의 교육에서 음악이 중요한 작용을 한다는 것을 중시하였다. 서주시대와 춘추시대 '육예六藝'는 학생들이 필수적으로 학습해야할 여섯 가지 항목인데,21 이 가운데에 음악이 있다. 공자는 일찍이 음악을 감상하고서 선율이 아름답고 예술적 경지가 심원하여 "삼 개월 동안 고기의 맛을 몰랐다三月不知肉味"라는 경지에 이르렀다. 그가 음악에 완전히 도취되어 맛좋은 고기가 무슨 맛인지를 모를 정도였다는 것이다.

　음악은 사람들에게 즐거움을 주기 때문에 '樂'자에는 또 '즐겁다', '좋아하다'는 뜻이 있다. 가령, '歡樂(환락)'이나 '樂園(낙원)'에 쓰인 '樂'은 즐겁다는 뜻으로 쓰여 '악'이라고 읽지 않고 '락'으로 읽는다.

　한자는 이처럼 사실적이고 교묘하게 중국인의 문화와 오락생활을 기록하고 있다. 지금 우리가 한자를 볼 때 여전히 고대인의 생활의 자취를 찾을 수 있다. 이것이 한자의 지혜가 나타난 것이며 또한 한자가 수천 년을 지나면서도 없어지지 않는 오묘함이 있는 곳이기도 하다.

21　여섯 가지 기능은 '禮'(예), '樂'(음악), '射'(활쏘기), '御'(말 몰기), '書'(글자쓰기), '數'(계산)이다.

제 6 장

한자와 건축

중국에는 각양각색의 전통 건축물이 있는데, 이러한 건축물은 모두 고유한 이름이 있다. 이 이름은 어떻게 온 것인가? 한자와 건축은 무슨 관계가 있는 것인가? 여기서는 건축 재료와 건축 양식 두 측면에서 살펴보기로 한다.

1 | 한자와 건축의 재료

중국어에 '大興土木(dà xìng tǔ mù)'라는 성어가 있다. 크게 토목공사를 일으킨다는 말인데, 여기서 '興'(일어날 홍)은 '일어나다, 발동하다'는 뜻이다. '土', '木'은 무엇을 가리키는가? '土'와 '木'은 건축을 가리킨다. 이 성어의 뜻은 대규모로 집을 짓다는 것이다. 중국 건축의 주요한 재료가 흙(土), 나무(木)와 돌(石)이기 때문이다. 건축과 관련이 있는 글자에는 이 세 가지를 편방으로 하는 것이 많다. 다음을 보자.

城 (성 성)

'만리장성萬里長城의 '城'자는 성벽을 가리킨다. 성벽은 흙으로 만드는 것이므로 '城'자와 담장을 뜻하는 '墻'(담 장)자에는 모두 '土'가 있다. 현대중국어에서 '城市'(chéngshì : 도시), '北京城'(běijīng chéng : 북경성)이라는 말이 있는데, 옛날 도시는 모두 그 도시만의 성벽을 갖고 있었기 때문에 이렇게 부른 짓이다.

북경의 옛 성벽

만리장성은 중국의 북방에 위치하는데, 처음 2천여 년 전의 춘추전국시대에 세워졌다. 진秦나라가 여섯 나라를 통일한 후 각 제후국들이 갖고 있던 성벽을 연결해서 북방 유목민족의 침략을 방지하려고 하였다. 만리장성은 세계에서 가장 긴 군사적 목적의 공사인데, 전체 길이가 1만여 리22에 이르므로 만리장성이라고 부른다.

만리장성

만리장성의 건설과 관련된 전설이 있다. 만리장성을 건설하기 위하여 진시

---

22 중국의 1리(一里)는 500m를 말한다. 우리나라의 전통적 길이 개념인 1리가 400m인 것과는 다르다. 장성의 서쪽 끝 가욕관(嘉峪關)에서 동쪽 끝 산해관(山海關)까지의 거리가 6천km로 1만2천리인데, 이를 대략적인 큰 수로 '1만리'라고 부른 것이다.

황은 백만 명을 동원하였는데, 그 중 상당히 많은 사람이 장성의 성벽 아래에 죽었다. 이 당시 맹강孟姜이라고 부르는 여성이 있었는데, 남편이 장성을 건설하기 위하여 떠난 후 오랫동안 돌아오지 않았다. 그녀는 남편을 그리워하여 장성에 직접 가서 찾아보려고 하였다. 맹강은 천여 리의 길을 걸어서 장성에 도착했는데 남편이 이미 죽었다는 이야기를 들었다. 그녀는 너무 슬퍼서 대성통곡하였는데, 삼일 밤낮을 울어대자 하늘이 감동하여 장성의 일부를 무너뜨려 남편의 시신을 드러나게 해주었다. 후에 맹강은 강에 뛰어들어 죽었는데, 사람들이 그녀를 기념하여 맹강녀 사당을 지었다.

맹강녀 사당

塔 (탑 탑)

‘塔’이 ‘塔’자이다. 전통적인 ‘塔’은 불교 건축물이며 일반적으로 사원에 세워지며 탑 안에는 불교의 성스러운 물건이 바쳐진다. 처음 탑을 흙으로 만들었기 때문에 편방에 ‘土’가 있다. 우측의 ‘荅’(좀콩 답)은 음을 나타낸다. 후에 목탑, 석탑, 전탑이 생겨나서 각양각색의 탑이 있게 되었다.

오른쪽 그림은 중국 산시성에 있는 목탑인데, 1056년에 세워져 현재 중국에 남아있는 가장 오래된 목탑이다.

아름다운 항저우杭州 서호西湖 가에는 ‘뇌봉탑雷峰塔’이라는 탑이 있다. 전설에 따르면, 7백여 년 전에 흰색의 뱀이 아름다운 여인인 백낭자白娘子로 변해서 서호에 왔다가 우연히 허선許仙이

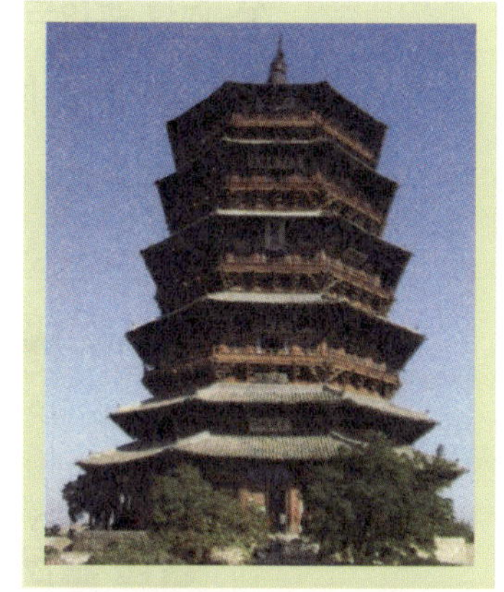

산시성(山西省) 잉현(應縣) 불궁사(佛宮寺)에 있는 목탑

뇌봉탑

백낭자와 허선

라는 남자와 만나 사랑에 빠졌다. 그들은 함께 행복하게 살았다. 그런데 법해法海라는 승려가 그녀가 원래 백사白蛇였다는 것을 알고 그녀를 잡아 뇌봉탑의 바닥에 눌러놓았다. 법해는 그녀가 탈출하려면 "뇌봉탑이 무너지고 서호의 물이 말라야 한다."고 말했다고 한다. 지금부터 70여 년 전에 서호의 뇌봉탑이 정말로 무너졌다. 그러나 아름다운 백낭자는 여기에서 찾을 수 없었고 대신 뇌봉탑 속에서 천여 년 전의 불경이 많이 발견되었다. 또 후에 사람들은 뇌봉탑 아래에서 진귀한 보물을 많이 발굴하였다.

현재 서호의 뇌봉탑은 원래의 모습에 근거하여 중수된 상태로 있다.

壇 (단 단)

'塔'은 불교의 건축물로 인도로부터 온 것인데 비하여, '壇'은 중국 고유한 것이다. '壇'은 본래 흙으로 쌓아놓은 높은 곳을 뜻하며, 사람들이 이곳에서 신에게 제사를 지내고 예식을 거행하였기에 '土'를 편방으로 하고 있다. 고대에 제사는 매우 중요한 것이었기에 '壇'을 갈수록 아름답게 만들어 흙만을 사용하는 데에 그치지 않았다. 중국 북경의 동서남북과 중앙에는 모두 다섯 개의 단이 있어서, 여기에서 하늘, 땅, 해, 달과 농사를 전해준 신농神農 등 다섯 신에게 제사를 지낸다. 이 중 가장 유명한 것이 천단天壇이다. 북경의 천단은 이미 6백여 년의 역사를 갖고 있다. 과거에 황제는 매년 이곳에 와서 제사를 지냈다. 앞에서 말한 바와 같이 중국인은 하늘이 일체의 모든 일을 주재하는 분이라 생각하였다. 천단의 건축물에서 우리는 하늘에 대한 고대인들의 존경을 알 수 있다.

오른쪽 그림은 천단의 지도이다. 천단의 담장 중 남쪽은 사각형이고 북쪽은 원형이다. 이는 남쪽은 땅을 나타내고 북쪽은 하늘을 나타내기 때문이다. 고대인들은 하늘은 둥글고 땅은 사각형이라고 생각해서 이를 '天圓地方'(천원지방 : 하늘은 둥글고 땅은 모나다)이라고 말했다.

오른쪽 그림은 환구단이다. 황제가 하늘에 제사를 지낼 때 중앙에 선다. 이곳의 건축물은 기묘하여, 사람이 이 돌 위에 서서 말을 하면 설사 아주 작은 소리를 낼 지라도 매우 크게 느껴진다. 그래서 제사를 지낼 때 황제가 더 위엄을 갖추게 된다.

뒤쪽의 그림은 천단의 기년전인데, 높이가 38미터이다. 윗부분은 모두 푸른색인데 이는 하늘을 나타낸다. 이러한 기묘한 건축물은 하늘에 대한 중국

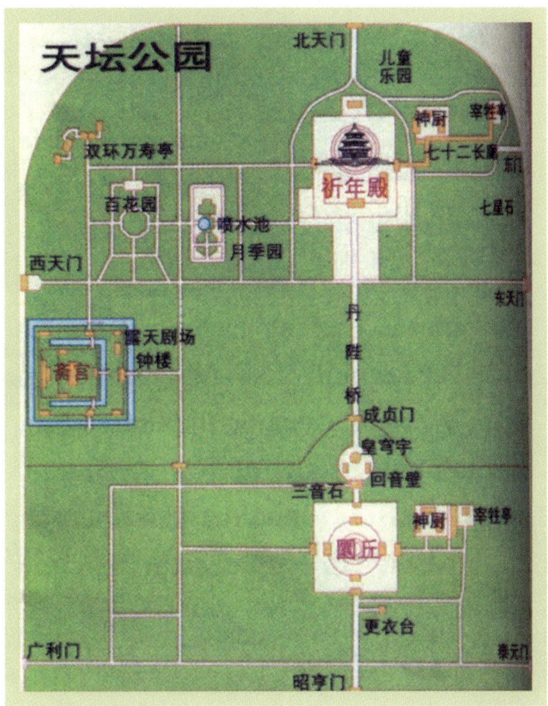

천단공원

환구단(圜丘壇)

기년전(祈年殿)

인의 인식과 경외심을 표현한 것이다.

　건축물을 나타내는 글자에는 '木'을 편방으로 하는 것이 많다. 다음을 살펴보자.

樓 (다락 루)

　중국의 누각은 원래 나무로 만든 것이어서 '木'을 편방으로 하였다. 오른쪽의 '婁'도 독음은 '루'이다. 중국에는 유명한 '사대 누각'이 있는데, 역사상 유명한 네 누각을 가리킨다. 악양루岳陽樓, 등왕각滕王閣, 황학루黃鶴樓, 봉래각蓬萊閣이 이것이다. 이 중 황학루는 이미 1,800여 년의 역사를 갖고 있다고 전해진다. 전설에 따르면, 이 지방에 어떤 술집이 있었는데, 어느 날 한 도사가 이 술집에 왔다. 여주인이 그에게 천 잔의 술을 주어 마시도록 했다. 도사는 여주인에게 감사하기 위해 길을 떠날 때에 벽에 황학 한 마리를 그렸다. 그런데 이 학은 음악을 들으면 벽에서 내려와 춤을 추었다고 한다. 이때부터 이 술집은 유명해졌고 장사가 갈수록 잘 되었다. 10년이 지난 후 도사가 또 왔는데, 그가 피리를 부르자 황학이 벽에서 뛰어내려왔고, 도사는 황

학을 타고서 하늘로 날아올라갔다. 이 도사를 기념하기 위해 여주인은 원래의 장소에 누각을 하나 지었는데, 이것이 황학루이다. 천여 년 동안 유명한 사람들이 황학루에 많이 왔었다. 다만 아쉬운 것은 원래의 황학루는 100여 년 전에 불에 타버렸고 지금의 황학루는 후에 중수한 것이다.

누각과 관련하여 유명한 당나라 시가 한 편 있는데, 바로 왕지환王之渙의 <登鸛雀樓(등관작루 : 관작루에 오르다)>가 그것이다. 이 시의 "밝은 해는 산 너머로 지고 황하는 바다로 흘러가네. 천리 먼 길 보고 싶어서 한 층 누각을 더 오르네.(白日依山盡, 黃河入海流. 欲窮千里目, 更上一層樓.)"라는 구절을 통해, 중국 고대 누각이 얼마나 높고 우뚝 솟아있었는지를 알 수 있다. 관작루는 지금의 산시성山西省 용지현永濟縣에 있다.

황학루   관작루(鸛雀樓)

柱 (기둥 주)

누각에는 기둥이 있어야 한다. 전통적인 중국의 건물에서 벽은 공간을 나누는 작용을 할 뿐 무게를 받쳐주지 않기 때문에 기둥에 의지해서 천장을 지탱하도록 하였다. 기둥은 항상 큰 나무로 만들었기에 편방에 '木'을 썼다. 오른쪽의 '主'는 '주'로 읽으며 독음을 표시한다. 큰 방은 많은 기둥을 써야한다. 가령, 북경의 고궁에서 가장 큰 건축물인 태화전太和殿에는 72개의 기둥을 쓰고 있다. 기둥 중에는 대들보를 지탱하는 기둥이 가장 큰데, 이를 중국어에서는 '金柱'(jīnzhù)라고 한다. 두께가 1미터 가량되고 높이가 15미터 정도인데, 대단히 큰 나무 한그루를 써서 만든 것이다.

과거 전설에 따르면, 전체 하늘은 모두 네 개의 기둥이 받치고 있었다고 한다. 앞에서 말한 것처럼, 물의 신이 원래 하늘을 받치던 기둥인 부주산不周山에 부딪쳐서 하늘에 큰 구멍이 생겨나 하늘이 무너져 내렸다. 이때 여와신이 하늘을 메웠다. 그녀는 또 큰 거북의 네 다리를 이용하여 기둥으로 삼아 무너져 내린 하늘 반쪽을 지지시켰다. 이런 이후에야 사람들이 생활해나갈 수 있었다고 한다.

태화전

橋 (다리 교)

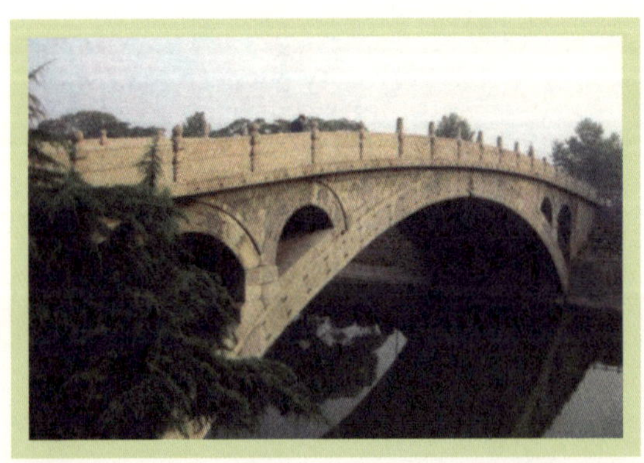
조주교

다리의 최초 형식도 나무를 이용해서 만든 것이므로 편방으로 '木'을 쓰고 있다. 오른쪽의 '喬' 또한 '교'라고 읽는다. 중국에는 각양각색의 다리가 있는데, 어떤 다리는 구조가 독특해서 유명하기도 하다. 가령 중국 북방의 조주교趙州橋가 그 예이다. 이 다리의 양쪽 교각 사이에

아치형으로 된 두 개의 구멍이 있는데, 그 모양이 매우 독특하다. 이 강은 자주 홍수가 났기 때문에 이 두 개의 구멍을 만들어 놓으면 다리가 쉽게 무너지지 않게 된다. 조주교가 1,400여 년 전에 만들어져서 천여 년이 넘도록 여러 차례의 홍수와 전쟁, 지진 등을 만났지만 오늘날까지 여전히 견고하게 유지되고 있다. 이 때문에 세계에서 현존하는 가장 오래되고 보존이 가장 잘 된 아치형 돌다리로 꼽힌다.

또 북경의 노구교盧溝橋처럼 아름다운 다리로 유명한 것도 있다. 노구교는 800여 년의 역사를 갖고 있으며, 길이가 200여 미터이다. 다리 위에는 대략 500개의 돌사자상이 있는데, 사자마다 자세와 표정이 모두 다르다. 이탈리아인 마르코폴로가 이 다리를 보고서 '세계에서 가장 아름다운 다리'라고 칭송하였는데, 이 때문에 이 다리의 영어이름은 'Marco Polo Bridge'이다.

<table>
<tr><td>노구교</td><td>노구교 위에 있는 사자상</td></tr>
</table>

중국에는 오작교烏鵲橋와 관련된 전설이 있다. '鵲'(작)은 까치를 가리킨다. 전설에 따르면 하늘나라에 직녀라는 선녀가 있었는데, 지상의 견우라는 남자와 사랑에 빠져 아이를 낳았다. 하늘의 신들이 이 사실을 알고 화가 나서 직녀를 하늘나라로 잡아오도록 하였다. 그러자 견우가 아이를 안고 하늘나라까지 따라왔다. 하늘의 신들은 그들이 진정 서로 만나기를 바란다는 사실을 알고서는 그들 중간에 은하수를 두어 둘 사이를 가로막았다. 은하수는 넓고도

견우와 직녀

넓어 그들은 다시는 만날 수 없었다. 다만 매년 음력 7월 7일이 되면 많은 까치들이 은하수로 올라와서 오작교를 만들어주어 그들이 비로소 다리 위에서 만날 수 있었다. 이 때문에 매년 7월 7일은 '칠석七夕' 혹은 중국어로 '치차오절乞巧節'[23]이라고 부른다. 또 이날은 현대 중국에서 '연인의 날'이어서, 사람들은 하늘나라의 오작교를 생각하게 된다.

이밖에 돌도 매우 중요한 건축 재료이므로, 건축과 관련된 글자에 '石'을 편방으로 쓰는 것도 있다.

碑 (돌기둥 비)

'碑'는 일반적으로 수직으로 서 있는 돌인데, 윗부분에 글을 새겨 사람이나 일을 기념한다. 이 때문에 '石'을 편방으로 쓴다. 사람의 묘 앞에 있는 것을 묘비라고 하고 어떤 사건을 기념하기 위해 세워놓은 것을 기념비라고 한다. 역사상 무수히 많은 비가 전해오는데, 이러한 비는 모두 진귀한 역사 자료라고 할 수 있다.

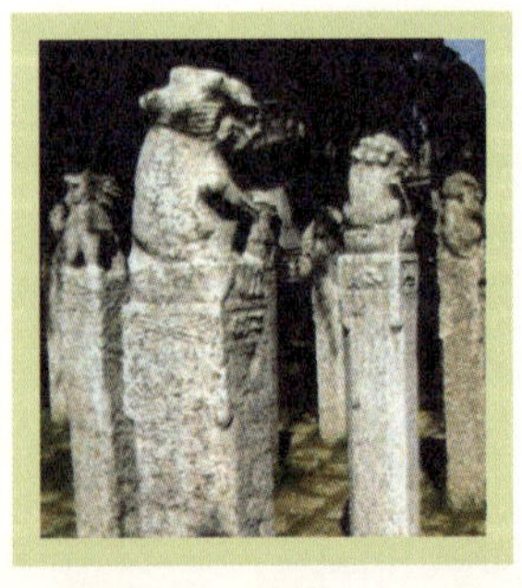
비림에 있는 석비

중국의 시안西安에는 비림碑林이 있다. 비림이라는 뜻은 "비석이 숲처럼 많다"라는 것이다. 시안의 비림은 이미 900여 년의 역사를 지니고 있고, 대략 3천여 개의 석비가 수집되어 있다.

비림의 석비에는 모두 글자가 있지만, 뒤쪽에 보이는 석비처럼 본래부터 글자가 없어서 '무자비無字碑'라고 부르는 것도 있다. 이것은 높이가 7미터이고 100톤의 무게가 나간다. 이것은

23 중국의 치차오절(乞巧節)은 좋은 솜씨를 비는 날이라는 뜻이다. 직녀가 베를 짜는 역할을 했기 때문에 7월 7일 밤에 부녀자들이 바느질을 잘하게 해달라고 비는 풍속에서 나온 것이다.

중국에서 유일한 여황제인 측천무후(624~705)가 자신을 위해 세운 석비이다. 측천무후는 논란이 많은 황제이다. 그런데 이 비에는 왜 글자가 없는 것일까? 그 중 한 견해는, 그녀는 자기가 너무 위대하므로 문자로 위대함을 나타낼 방법이 없다고 생각했다고 한다. 다른 견해는, 그녀 스스로 후인들이 자신을 평가해주기를 바랬다고 한다. 또 다른 견해는, 자신이 황제로서 훌륭하기는 하지만 잔인하기도 했으므로 그녀 스스로 자신에게 죄가 있다고 생각하여 거짓된 비문을 남기고 싶지 않았다고 한다. 어떤 견해가 옳은지를 알 수 없으나, 천 년 전의 사람들이 이 비석에 글을 새기기 시작했고, 현재에는 원래의 '무자비'가 일찍이 '유자비'가 되었다.[24]

현대의 중국인들도 비석을 새기는 경우가 많다. 아래의 사진은 중국 최대의 기념비인 인민영웅기념비이다. 이것은 북경 천안문 광장의 중심에 세워져 있는데, 높이가 38m이다. 이 비석은 50여 년 전에 세워졌는데, 최근 100여 년 동안 일어난 전쟁 중 세상을 떠난 영웅을 기념하기 위한 것이다.

측천무후의 무자비(無字碑)

인민영웅기념비

---

[24] 무자비는 시안 근교의 건릉(乾陵)에 있는데, 송나라 이후 사람들이 여기에 글자를 새기기 시작했다고 전해진다.

磚 (벽돌 전)

‘磚’은 흙을 구워서 만드는 것이다. 벽돌은 돌과 마찬가지로 매우 단단해서 편방으로 ‘石’을 쓴다. 오른쪽의 ‘專’도 독음이 ‘전’이다. 중국인들은 매우 일찍부터 벽돌을 만들었다. 고고학자들이 주나라 때의 벽돌을 발굴한 바 있다. ‘진전한와秦磚漢瓦’라는 말이 있는데, 진나라(B.C.221~B.C.206) 때의 벽돌, 한나라(B.C.206~220) 때의 기와라는 뜻이다. 이 두 가지에는 그림과 문자가 새겨져 있는 것이 많다는 특징이 있다. 이 당시의 벽돌은 단단할 뿐만 아니라 윗면에 아름다운 문양이 있다. 이 문양은 오늘날까지도 남아있다.

벽돌은 여러 종류가 있는데, 북경 고궁의 궁전에 깔린 것을 ‘금전金磚’이라고 한다. 벽돌을 금으로 만들었다는 것이 아니고, 벽돌의 질이 매우 뛰어나고 만들기 어렵다는 것을 뜻한다. 이렇게 벽돌을 만드는 데는 2년의 시간이 필요하다. 벽돌 하나의 가치가 금 한 량과 비슷해서 ‘금전’이라고 불렀다고 전해진다.

금전은 궁전에만 쓰이지만, 일반 사람들에게는 보통의 벽돌이 더 중요하다. 만리장성은 벽돌을 하나씩 쌓아서 만든 것이다.

위에서 살펴본 한사를 통해 우리는 중국에서 사용된 건축의 새료를 알 수 있다. 이것이 바로 한자에 담긴 지혜라고 할 것이다.

2 | 한자와 건축의 양식

어떤 한자는 우리에게 건축에 쓰인 재료를 알려주고 또 어떤 한자는 우리에게 건축의 양식을 알려준다. 다음을 보자.

宀(집 면)

이 글자는 '면'으로 읽는데, 지붕을 본뜬 것이다. 이는 본래 집 모양인데, 건축과 관련이 있는 글자에는 '宀'을 편방으로 쓴 것이 많다.

宮(집 궁)

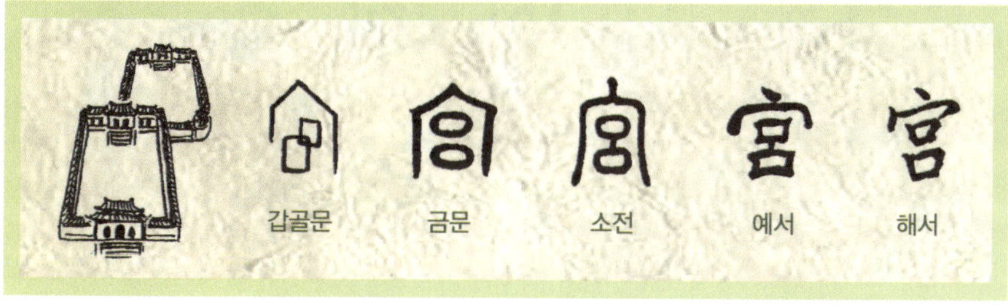

'宮'은 본래 사람이 거주하는 집인데, 후에 황제가 사는 곳만을 '宮'이라고
하였다. 가령, 북경의 유명한 고궁故宮25이 그 예이다. '故'자는 '과거'라는
뜻이므로, '고궁'은 '옛날 황제의 궁'이라는 말이다. 고궁은 600여 년의 역사
를 갖고 있는데, 600여 년 동안 두 왕조에 걸쳐 24명 황제가 이곳에 살았다.
고궁의 규모는 매우 크다. 전설에 따르면, 하늘의 신이 사는 황궁의 방은 모
두 1만 칸이고, 고궁의 방은 9,999.5칸이라고 한다. 600년 전 고궁을 지을
때 10만 명의 기술자와 100만 명의 노동자를 썼다고 한다. 오늘날의 고궁은
박물관으로서의 기능을 하고 있다. 이곳에서 각양각색의 궁전을 볼 수 있을
뿐만 아니라 진귀한 역사적 문물을 많이 볼 수 있다.

고궁의 전경

家 (집 가)

---

25 북경의 고궁(故宮)은 우리나라 사람들이 흔히 자금성(紫禁城)이라 부르는 곳을 가리킨다.

‘宮’은 황제의 ‘家’이다. 방에 돼지 한 마리가 있는 것이 ‘家’자이다. 이는 과거 사람들이 주로 집에서 돼지를 길렀기 때문이다. 중국인은 ‘家’를 매우 중시하여 한 집안 식구가 모두 함께 생활하는 것을 볼 수 있다. 이것은 중국 인들이 말하는 “家和萬事成”(가화만사성 : 집안이 화목해서 모든 일이 이루어 진다)이라는 말이다.

廣 (넓을 광)

‘宀’은 지붕이고 ‘廣’은 산에 가깝게 지은 집이다. ‘厂’은 절벽의 모양을 닮았다. 과거 사람들은 산에 가까이하여 거주했던 것이다.

중국 북방의 한 절벽에는 땅을 파내 만든 동굴 100여 개가 있다. 안에는 방이 많이 있는데, 흡사 미로와 같다. 누가 이것을 만들었는지 알려져 있지는 않지만, 이 동굴은 이미 수천 년의 역사를 지니고 있다고 한다.

현재 중국의 서부에는 사람들이 항시 거주하는 토굴집이 있는데, 이 토굴집은 산 절벽 아래에 뚫어놓은 것이다.

야오둥(窯洞) : 산 절벽에 만든 토굴집

편방으로 ‘厂’을 쓰는 글자 중에는 건축과 관련이 있는 것이 많다.

廊 (복도 랑)

'廊'은 지붕을 갖고 있는 통로인데, '郎'의 독음 또한 '랑'이다. 현대중국어에서 '走廊'(zǒuláng : 복도)이라는 말이 상용된다. 중국에서 가장 유명한 '廊'은 북경 이화원에 있는 장랑長廊이다. 이 장랑의 길이는 700여 미터이며, 윗면에는 8,000여 폭의 그림이 그려져 있고 이화원의 아름다운 경치가 더해져서 매우 아름답다. 이 때문에 이 장랑을 '세계 최고의 복도'라고 할 수 있다.

店 (가게 점)

'廊'이 통로라면, '店'은 집이다. 중국어의 '旅店'(lǚdiàn : 여관), '商店'(shāngdiàn : 상점)이 모두 집이 있는 것이므로 '店'자에 편방으로 '广'을 쓴다.

중국은 세계에서 가장 이른 시기에 여관이 생겨난 나라이다. 1천여 년 전에 사람들은 여관에서 숙박하였을 뿐만 아니라 여관에서 장사도 하고 돈을 빌리거나 돈을 보관할 수도 있었다.

편방 '广'은 절벽의 모양인데, 편방 '囗'(둘레 위, 圍의 옛 글자)은 무엇을 본뜬 것인가? 이것은 에워싼 구역이다. '囗'을 써서 만든 일부 글자는 건축과 관련이 있다.

國 (나라 국)

'國'의 본래 의미는 국가의 수도이다. '國'의 바깥부분인 '囗'는 수도에는 일정한 범위가 있음을 나타내는데, 후에 국가를 가리키는 말로 쓰였다.

園 (동산 원)

'園'는 본래 채소나 꽃, 나무 등을 심는 곳으로 일정한 범위가 있기 때문에 '囗'을 편방으로 썼다. '袁'의 독음도 '원'이다. 후에 '園'이 사람들이 휴식하거나 놀 수 있는 장소를 가리키게 되었다. 가령, 公園(공원), 園林(원림 : 집터에 딸린 정원)이라는 말이 그 예이다. 중국은 유명한 정원이 많은데, 북경의

항저우의 정원

황제 정원이나 남방 쑤저우蘇州의 정원 등이 있다. 1천여 년 전 마르코 폴로가 항저우杭州를 언급하면서 정원이 아름다워서 '세계에서 가장 아름답고 화려한 도시'라고 부른 적이 있다.

역사상 가장 유명한 정원은 원명원圓明園이다. 이곳은 북경의 고궁과 이화원을 합한 것만큼 규모가 크며 건설에만 2백 년이 걸렸다고 한다. 내부의 경치가 뛰어난 곳 중 어떤 곳은 중국 여러 지방의 아름다운 곳을 본떠서 만든 것도 있고, 어떤 곳은 중국의 신화에 근거하여 만든 것도 있으며, 또 어떤 곳은 서양의 건축양식을 따른 것도 있다. 가령, 각양각색의 분수나 서양 미로 양식의 꽃동산 등이 있다. 아름다운 경치가 백여 곳이라고 하는데, 이를 '원명원 100경'이라고 부른다. 원명원 안에는 또한 진귀한 예술품과 서적 등이 많이 보관되어 있다. 이것을 본 서양 사람들이 '정원 중의 정원萬園之園'이라고 칭송하였다. 다만 애석한 것은, 이 아름다운 원명원이 1860년 영불연합

군에 의해 불에 타버렸고 많은 문물도 도난당하거나 파괴되었다는 점이다. 오늘날의 원명원은 그 유적만 남아있을 뿐이다.

파괴된 후의 원명원 유적

과거 원명원의 건축물(복원도)

어떤 양식의 건축물이든 모두 '門'을 가지고 있는데, '門'자는 아래와 같이 쓴다.

門 (문 문)

‘門’을 편방으로 하는 글자도 건축물을 나타낸다.

關 (빗장 관)

‘關’은 본래 문의 빗장을 가리켰다. 빗장으로 문을 닫아서 다른 사람이 들어가지 못하게 하므로 ‘關’에는 ‘왕래할 때에 반드시 지나는 길’이라는 뜻이 있다. 가령, 수입 혹은 수출하는 화물은 모두 稅關(세관)을 통과해야 한다.

과거에 관문은 일반적으로 험준한 곳에 있었다. 정부에서는 관문 위에 성벽이나 대문을 세우고 사람들의 출입을 통제하였다. 만리장성에는 이러한 ‘관문’이 많이 있는데, 가장 유명한 것은 만리장성의 동쪽 시작점인 산해관山海關이다. 산해관은 연산燕山과 발해渤海의 중간 지점에 있는데, 이곳은 만리장성의 시작점일 뿐만 아니라, 중국 화북지방에서 동북으로 가는 가장 중요한 통로이다. 이 때문에 고대의 전쟁이 여기에서 많이 발생했다. 그래서 산해관은 또 ‘천하제일의 관문天下第一關’이라고 부른다.

산해관 장성

허베이성(河北省)에 있는 천하제일관

閣 (문설주 각)

미혼 여인의 침실[閣]

등왕각

‘閣’은 본래 문이 혼자서 닫히는 것을 방지하기 위한 나무를 가리키며 편방으로 ‘門’을 쓴다. ‘各’은 ‘각’으로 읽고 ‘閣’의 독음을 나타낸다. 후에 ‘閣’은 아름다운 여러 층의 집을 가리키게 되었다. 이 다층집의 사방으로 복도가 있고 위에는 난간이 있어서 사람들이 여기에서 휴식할 수도 있고 먼 곳의 경치를 감상할 수도 있다. 과거 부귀한 집의 아가씨가 이러한 높은 집에 거주하였다. 높은 집이 비록 아름답기는 하지만 이곳의 아가씨들은 평시에 외출하여 얼굴을 드러낼 수 없었고 밖으로 나가는 그 날이 바로 결혼하는 날이었다고 한다. 그래서 여인이 결혼하는 것을 중국어로 ‘出閣’(chūgé)라고도 한다.

앞에서 중국에는 유명한 사대 누각이 있다고 말한 바 있다. 이 네 누각 중 등왕각滕王閣과 봉래각蓬萊閣 두 곳의 이름에 ‘閣’자가 들어있다. 이것은 모두 아름다운 건축물이며 1천 년 내외의 역사를 가지고 있다.

‘宀’, ‘广’, ‘口’, ‘門’은 모두 편방이 될 수 있다. 이 편방이 없지만 건축물의 양식을 나타내거나 건축물과 관련이 있는 한자도 있다.

亭 (정자 정)

'亭'자는 정자의 모양을 본뜬 것이다. 정자는 보통 정원이나 도로변에 세우며 사람들이 휴식하는 곳이다. 옛날 도로상에 10리 간격으로 '장정長亭'이라는 것을 두고 5리 간격으로 '단정短亭'이라는 것을 두었는데, 사람들은 이곳에 와서 친구를 전송하였다. 이 때문에 고전의 아름다운 시 작품에서 이 '장정'과 '단정'에 대해 쓴 것이 많다.

高 (높을 고)

'亭'과 다르게 '高'는 높은 누각을 본뜬 것이다. 이 글자는 높은 누각의 모양으로 '높다'는 뜻을 나타낸다. 고대의 누각은 얼마나 높았는가? 옛 시에 "西北有高樓, 上與浮雲齊."26라는 구절이 있는데, 이 구절의 뜻은, "서북지방에 높은 누각이 하나 있는데, 하늘 위의 구름처럼 높다"라는 것이다. 물론 이 구절에 과장이 있지만, 고대의 누각이 얼마나 높았는지를 보여주고 있다.

위에서 살펴본 한자를 통해 우리는 건축물의 양식을 살펴볼 수 있으며, 어떤 것은 그 독음을 추측할 수 있다. 또 '家', '園', '高'와 같은 글자는 건축물을 나타내지 않지만, 모두 건축물의 모양을 써서 뜻을 나타낸 것이다. 이처럼 한자와 건축물의 관계가 정말 기묘하다.

각각의 한자에는 하나의 이야기가 있다. 재료이든 모양이든 현재의 건축물은 과거와 많이 다르다. 그렇지만 한자는 여전히 우리에게 건축의 역사를 알려주고 있으며, 중국의 건축문화를 이해할 수 있도록 도와준다.

---

26 이 시는 작가 미상의 <고시십구수(古詩十九首)>에 나온다.

제 7 장

한자와 민속

중국에는 중국 나름의 독특한 문화가 있으며, 중국인에게도 독특한 민속이 있다. 이러한 민속 또한 한자 속에 반영되어 있다.

1 │ 한자와 명절

　명절을 언급하면 대부분 설날을 생각하는데, 설날은 중국인이 가장 중요하게 생각하는 명절이다. 매년 음력 1월 1일이 설날로, 이날은 봄이 시작되는 때이며, 자연계의 만물이 한 겨울의 깊은 잠에서 서서히 깨어나고 대지도 생기로 가득하게 된다. 봄이 오면 새로운 한 해가 시작된다. 사람들은 즐겁게 일 년의 시작을 축하하며 폭죽을 쏘고 춘련春聯을 부치며 만두를 먹고 용등龍燈을 춤추거나 사찰에서 거닐게 된다.[27] 설날에는 이처럼 재미있는 행사가 많다.

　그렇다면 중국에서는 설날을 왜 '春節'(춘제)라고 부르는가? '春'자의 자형을 보면 바로 알 수 있다.

春 (봄 춘)

---

[27] '춘련'은 새해를 맞이하여 가정의 소원이나 평안을 기원하는 말을 대문이나 벽에 붙이는 것이다. '용등'은 용모양의 등인데, 정월대보름날 여러 사람이 이것을 들고 춤을 추는 놀이를 한다. '사찰을 거니는 것'은 '묘회(廟會)'에 가다는 말을 번역한 것인데, 중국에서 음력 설날에 사찰에서 임시로 장터가 열리고 여기에서 각종 오락행사가 벌어지거나 음식 노점이 열린다.

앞의 그림은 햇볕 아래에 작은 풀이 힘차게 땅에서 솟아나 생장하려고 힘을 쓰는 모습을 본뜬 것이다. 만물이 생장할 때에 이 명절을 축하하는 것은, 새로운 한 해의 생활이 봄날의 풀처럼 활기차고 번창하기를 바라기 때문이다.

이 춘제는 중국어로 '해를 보내다'라는 뜻의 '過年'(guònián)이라고도 하는데, 이는 앞의 제5장에서 언급한 바 있다. 새로운 해의 첫 날 사람들은 서로 세배를 하는데, 이때 서로 복을 기원하면서 "過年好!"(guònián hǎo!)[28]라고 말한다.

중국에서 한 해를 보내면서 집집마다 폭죽을 터뜨리려고 한다. 왜 폭죽을 터뜨리려고 하는가? '年'이라는 말과 관련하여 재미있는 이야기가 하나 있다. 아주 오래 전 몇 백 가구가 사는 마을이 있었는데, 모두 평온하고 행복한 생활을 보내고 있었다. 그러던 어느 겨울 '年'이라 부르는 야수 한 마리가 갑자기 나타났다. 이 야수는 못생기기도 했고 성질도 나빠서 백성들을 괴롭혀서 사람들이 편안하게 지낼 수 없었다. 이 때문에 사람들이 모두 앞 다투어 산으로 도망가서 생활하게 되었다. 후에 사람들은 '年'이 큰 소리를 무서워하여 큰 소리를 듣기만 하면 놀라 숨어버린다는 것을 알게 되었다. 사람들은 이 발견을 매우 기뻐하여 '年'을 완벽하게 쫓아내기 위하여 폭죽을 발명하게

폭죽

되었다. 매번 '年'이 올 때면 언제나 사람들은 폭죽을 터뜨리고 '年'이 달아날 정도로 놀라게 하였다. 이후 이 야수는 감히 다시는 마을에 나타나지 않았고 사람들은 평온하고 행복한 생활을 보낼 수 있게 되었다. 이 이후로 매년 춘제에 폭죽을 터뜨리는 풍속이 전해내려 오게 되었다고 한다.

---

28 이 말은 글자 그대로 해석할 경우 "설 잘 쇠세요!"라는 뜻이지만, 내면적인 의미는 "새해 복 많이 받으세요!"라는 말과 같다.

춘제의 바로 전날인 섣달 그믐날의 밤을 중국에서는 '除夕夜'(chúxīyè)라고 한다. 춘제가 정월 초하루이므로 제석除夕은 음력 12월 30일이며, 이 제석은 '大年三十'이라고도 한다.**29** '夕'의 고문자형은 '☽'으로 달의 형상으로 저녁을 뜻한다. '除'는 '제거하다'는 뜻이다. 따라서 '除夕'은 옛것을 없애고 새로운 것을 맞이한다는 것을 나타낸다. 한 해의 마지막 밤은 일 년 중 가장 떠나보내기 아쉬워할만한 밤이므로, 이 날 밤에 온가족이 한 자리에 둘러앉아 함께 식사를 하면서 이야기를 나눈다.**30** 이렇게 마지막 밤을 보내고 나서 새로운 한 해를 맞이하는 것이다.

이 중요한 밤에 사람들은 매우 중요한 음식을 먹어야 한다. 그것은 '교자餃子'라고 부르는 만두인데, 왜 이것을 '餃子'라고 불렀는가? 처음에는 '餃子'라고 부르지 않고 '交子'라고 했다. '交'의 고문자형은 '♀'으로 두 다리의 정강이가 서로 엇갈려 있는 모양을 본뜬 것이다. 후에 서로 엇갈려 있는 모든 사물을 가리키게 되었다. 고대 중국의 시간을 나타내는 방법은 지금과 달라서, 밤 11시부터 새벽 1시까지를 '子時(자시)'라고 했다. 이 때가 바로 두 날이 서로 엇갈리는 시각이기 때문에 '交子'라고 부른 것이다. 사람들이 가장 중시하 것이 묵은 해와 새해가 서로 교대하는 시각이므로 이 시각을 기념하기 위하여 준비한 음식을 '交子'라고 이름 지은 것이다. 한자에서 음식물에는 일반적으로 '食'자를 더하여 음식물임을 나타

교자

---

29 除夕은 우리나라에서도 똑같이 사용하는 말이다. 이를 '제야(除夜)'라고도 한다. 우리나라에서는 '수세(守歲)', 즉 해를 지킨다는 뜻을 가진 말도 있는데, 이는 섣달그믐날 밤에 잠을 자지 않고 지나가는 한 해를 지키는 것을 뜻한다.

30 이처럼 한해의 마지막 밤 가족들이 함께 저녁만찬을 즐기는 것을 중국에서는 '年夜飯'(niányèfàn)이라고 부른다.

내기 때문에 후에 '餃子'를 '餃子'로 쓴 것이다. 현대중국에서는 '食'자를 편 방으로 쓸 때 'ⅰ'으로 쓴다. 중국의 북방에서 춘제를 지낼 때에 집집마다 교 자를 먹게 되는데, 이 풍속은 현재까지도 변하지 않았다.

춘제를 지낼 때 또 하나의 매우 중요한 일이 춘련을 부착하는 것이다. 집 집마다 춘련을 부착하고자 붉은 색의 춘련에 상서로운 말을 써서 문이나 벽 에 붙인다. 물론 가장 많이 붙이는 글자는 '福'자이며, 항상 거꾸로 붙인다.

福 (복 복)

거꾸로 된 '福'자

'福'은 '福'자의 갑골문 자형인 데, 술이 가득 담긴 술병과 제단의 모양을 본뜬 것임을 알 수 있다. 이 자형은 사람들이 맛있는 술을 가져와 신에게 바치며 행복을 비는 것을 나타낸다. 후에 '福'자는 '행 복, 만족'의 뜻을 갖게 되었고 행 운을 상징하였다. 고대 중국에서는 '오복五福'을 말하는데, 장수, 부유,

건강, 인덕이 좋은 것, 일생동안 평안한 것을 가리킨다. 이 때문에 새해를 맞 이할 때 사람들은 이 글자를 문 앞에 붙여두고 한해의 생활이 만족스럽고 행

복하기를 희망하였다. 그렇다면 이 글자는 왜 뒤집어서 붙이는가? 중국어의 뒤집다는 뜻의 '倒'(dào)와 도착하다는 뜻의 '到'(dào)의 발음이 같기 때문에 '福倒了'(복이 뒤집어지다)는 '福到了'(복이 도착했다), 즉 행운이 도착하다, 행운이 오다는 것이다. 즉 행복이 내려온다는 것을 의미한다.

춘제를 지낼 때 교자 이외에 중요한 음식이 물고기이다. 춘련을 붙일 때 '年年有餘' 혹은 '年年有魚'라는 글자를 붙이고, 신년의 그림을 붙일 때에도 붉은 색의 큰 잉어 그림을 붙이는데, 이것은 무엇 때문인가? '餘'와 '魚'는 중국어의 발음이 'yú'로 같고, '餘'는 '남다'는 뜻이다. 물고기를 먹는 것과 '年年有餘'라는 춘련을 붙이

새해에 붙이는 물고기가 들어간 그림

는 것은 모두 사람들이 매년 양식이나 재물이 넉넉하기를 희망하는 아름다운 소망을 반영한 것이다.

30일이 지나면 정월 초하루가 되는데, 이때가 바로 새해의 첫 날이다. 이 날 사람들은 모두 일찍 일어나서 어른이나 이웃들에게 세배歲拜를 드리러 간다.31 세배는 중국 민간의 전통 풍속으로 옛 것을 보내고 새 것을 맞이하면서 행복의 축원을 표현하는 방식이다. '歲拜'라는 단어의 원래 뜻은 어른에게 새로운 해를 축하하는 인사를 드린다는 것인데, 어른에게 머리를 숙여 예를 행하며 새해에 모든 일이 뜻대로 되기를 축원하고 생활이 편안한 지 등을 여쭙는다. 동년배나 친구 사이에도 예를 행하며 축하 인사를 하기도 한다. '拜'라는 글자 자체는 두 손을 모아서 사람에게 예를 행하는 모습이다.

춘제가 지나고 나면 사람들은 정월대보름이라는 또 다른 중요한 명절을 맞이하게 된다. 정월대보름은 중국어로 '元宵節'(Yuánxiāo jié)이라고 하는데,

---

31 현대중국어에서 새배를 '拜年'(bàinián)이라고 말한다.

왜 이렇게 부르는 것일까? 제3장에서 이미 언급한 바와 같이 '元'의 뜻은 '머리'인데, '머리'가 사람의 맨 꼭대기이므로 후에 '첫째'라는 뜻이 생겨났다. '宵'(밤 소)는 밤이라는 뜻인데, 중국인의 관념 속에서 음력 15일의 달이 가장 둥글고 밝으며 아름답기 때문에 이날 밤이 가장 중요하다. 음력 정월 15일은 한해의 가장 첫 번째 15일이므로 '元宵節'이라고 부르는 것이다. 이 첫 번째 15일 밤, 사람들은 용등으로 춤을 추면서 생활이 용처럼 높이 날기를 희망하는 행복한 소망을 표현한다.

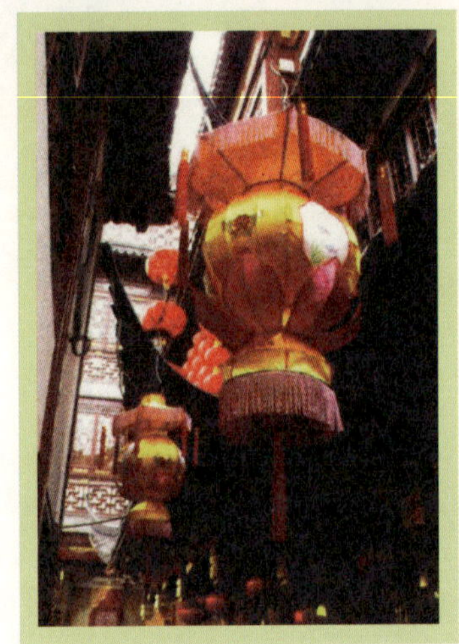

갖가지 색의 등불

정월대보름날 사람들은 또 색색의 등을 걸어서 하늘의 밝은 달과 땅위의 등이 어울려서 서로 빛을 내어 경사스러운 광경을 만들어낸다. 이와 동시에 전통적으로 행해진 활동이 있는데, 그것은 '猜燈謎', '打燈謎'32라고 하는 것이다. 이것은 사람들이 수수께끼를 종이에 적어 여러 색의 등불에 붙여서 사람들이 이를 맞추도록 하는 것이다.

이와 같은 재미있는 등불 수수께끼 놀이는 사람들에게 명절의 즐거움을 더해주고 생활이 등불처럼 활활 타오르기를 바라는 소망을 표현해준다.

---

32 燈謎(dēngmí)는 음력 정월대보름에 등에 수수께끼의 문답을 적어 넣는 놀이를 말한다. 이 수수께끼를 '풀다'는 말을 '猜'나 '打'라고 한다.

 중국문화와 한자, 두 마리 토끼를 잡아라

2 | 한자와 의례

춘제를 비롯한 여러 가지 경사스러운 날 중에서 결혼이 또 하나의 중요한 풍속이다. 사람들은 결혼할 시기를 선택하기를 좋아하는데 이는 결혼이 명절처럼 상서롭고 행복하기를 희망하기 때문이다. 중국에서 결혼을 "辦喜事"(bàn xǐshì, 경사스러운 일을 치르다)라고도 부른다. 이는 혼인이 일생에서 가장 기쁜 일이기 때문이다. 일반적으로 혼례는 몇 개월 전에 준비를 시작하며 또한 매우 성대하게 한다.

喜 (기쁠 희)

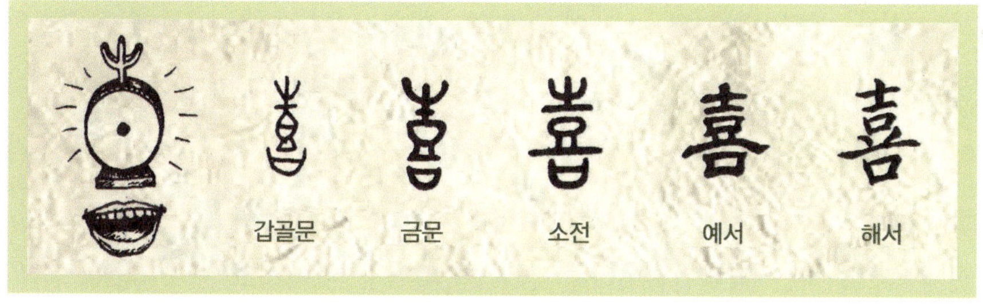

이것이 '喜'자인데, 갑골문 자형의 윗부분은 북의 형상이고, 아랫부분은 '口'로 사람을 뜻한다. 이 둘을 합하면, 음악을 들으면 기쁘다는 뜻이다. 즉, 북소리가 울려 퍼지는 것을 듣고 사람들이 모두 입을 크게 벌리고 웃는다는 뜻이 된다. 그래서 '喜'의 뜻은 '즐겁다', '기쁘다'이다.

결혼할 때, 사람들은 신방과 칭문에 붉은 색으로 된 두 개의 '喜'자가 함

쌍희자(雙喜字)

께 쓰인 '囍'자를 붙여둔다. 이 글자를 쌍희자雙喜字라고 한다. 그렇다면 왜 이 글자를 붙이는 것일까? '囍'에는 신랑과 신부 한 쌍이 자신의 애정생활의 행복과 만족을 희망하는 마음이 들어있으며, 또한 가까운 사람의 혼인에 대해 부모와 친구들이 행복하기를 축원하는 마음이 들어있다.

고대에 '결혼結婚'을 '結昏'이라고 썼는데, 이것은 무엇 때문인가? 이는 옛날 사람들이 결혼식을 항상 황혼黃昏에 거행했기 때문이다. 이를 통해 우리는 아주 오래 전에 '약탈결혼'의 풍속을 알 수 있다. 그렇다면 무엇을 약탈결혼이라고 하는가? 원시사회에서 남자는 생산 활동에서 점점 중요한 지위와 지도자로서의 권한을 갖게 되었다. 부계의 계승을 확실하게 하려고 남자는 여자의 씨족으로 다시는 가지 않게 되었다. 남성들은 여자가 남성의 집에서 살아야 하며 여자가 한번 남자의 집안에 가서 살게 되면 원래의 권력과 지위를 버려야 한다고 요구하였는데, 이는 혼인에 있어서 반발을 불러일으켰다. 이 반발에 대응하기 위하여 남자들은 무력을 써서 여인을 빼앗아갔는데, 이것이 약탈결혼이다. 과거 이와 같은 약탈결혼의 풍습은 세계 각지에 모두 있었다. 약탈의 성격을 갖는 행동은 당연히 날이 어두워졌을 때인 황혼에 이루어져야 쉽게 할 수 있었다. 이 때문에 '昏'이라는 말을 쓴 것인데, 후에 이 글자에 '女'자가 편방으로 더해진 것이다. 물론 현재의 '婚'에는 약탈결혼이라는 끔찍한 의미는 없어지고 매우 경사스러운 일로 변했다.

신랑이 신부를 자기 집으로 맞이하여 결혼하는 것을 '娶'(장가들 취)라고 부르는데, 이것이 아내를 얻는다는 것을 뜻한다. '娶'자는 고대에 '取'로 썼다. '取'의 고문자 자형은 '取'인데, 왼쪽이 '耳'이고 오른쪽이 '又'(고대에 손을 나타냄)이다. 이 둘을 합하면 한 손으로 한쪽 귀를 잡는 것이 된다. 고대의 전쟁에서 적을 죽였다면 그 사람의 왼쪽 귀를 잘라내어 공을 기록하는 증

중국의 전통 혼례에서 머리에 쓰는 장식

거로 삼았다. 여기에서 '取' 또한 무력으로 탈취하다는 뜻을 갖게 되었다. 그렇다면 아내를 얻는 것을 왜 '取'라고 불렀는가? 이것은 아주 오래전 약탈결혼의 풍습이 있어서 무력으로 여인을 약탈했기 때문이다. 후에 '女'자를 편방으로 써서 '娶'라고 쓴 것은 더욱 명확하게 뜻을 표현하기 위해서이다. 결혼은 남자의 입장에서 보면 '娶'인데, 여자의 입장에서는 어떻게 설명해야 하는가? 여자가 결혼하는 것을 '出嫁(출가)' 혹은 '嫁人'(가인 : 남에게 시집가다)이라고 부른다. '嫁'(시집갈 가)자는 '女'와 '家'로 구성되어 있는데, 이것은 여자가 남자의 집을 자신의 집으로 여긴다는 것을 나타낸다. 결혼한 이후에 여성들이 남자와 이룬 새로운 가정이 자신의 집으로 변하므로 '嫁人'이라 부른 것이다.

　결혼할 때에 재미있는 광경이 있는데, 신방에 붉은 대추紅棗, 땅콩花生, 계원桂圓(guì yuán),[33] 연밥蓮子을 가져다 놓고 신부가 결혼한 당일이 네 가지를 먹는 것이다. 그렇다면 왜 이 네 가지를 먹어야 하는가? 중국어에서 '棗'(대추 조)는 '무'(일찍 조)와 발음이 같고, '桂'(계수나무 계)는 '貴'(귀할 귀)와 발음이 같다. 따라서

'棗, 生, 桂, 子'(早生貴子)

---

33 桂圓은 '龍眼'(lóngyán)이라고도 부르는 열대 과일의 일종임.

‘棗’, ‘生’, ‘桂’, ‘子’를 합하면 “무生貴子.”(일찍 귀한 아들을 낳다)가 되는 것이다. 이것은 친지들이 신부가 일찍 아이를 낳기를 바라는 뜻을 가진 것이며, 또한 부부 생활이 만족스럽고 가족이 많아지기를 바라는 소망이 반영된 것이다.

‘夫’(남편 부)는 성인 남자를 가리킨다. 남자는 성년이 된(일반적으로 20세) 이후, 머리를 묶고 관을 쓴다. ‘夫’의 갑골문 자형을 보면 ‘夫’라고 쓰여 있다. ‘大’자가 남자의 신체를 나타내는데, ‘夫’자에서 위에 있는 ‘一’은 머리를 묶는 비녀이다. 남자가 성년이 된 이후 결혼해서 가정을 이루므로 ‘夫’자가 남편을 가리키기도 한다.

‘婦’(아내 부)는 보통 이미 결혼한 여인을 가리킨다. 이 자형의 왼쪽이 ‘女’이고 오른쪽이 ‘帚’(비 추)자이다. ‘帚’는 빗자루를 가리키니 이 둘을 합한 뜻은, 한 여인이 빗자루를 들고 마당을 쓸고 있다는 것이다. 이는 고대 부녀자의 일이 남편의 시중을 들고 가사 노동을 하는 것임을 나타낸다.

일반적인 젊은 부부는 결혼 후 얼마 되지 않아 자녀를 낳아 기르게 된다. 아이가 태어난 후 가장 중요한 일이 아이에게 이름을 지어주는 것이다. 이름을 뜻하는 ‘名’(이름 명)의 갑골문 자형이 ‘名’이다. 이 자형의 왼쪽이 ‘口’로, ‘口’에는 말하는 기능이 있다. 오른쪽이 ‘夕’으로 저녁을 나타낸다. 날이 저문 이후에 사람들은 서로의 얼굴을 구분할 수 없다. 상대방이 자기가 누구인지를 알도록 하려면 입으로 상대방에게 자기의 이름을 알려주어야만 비로소 상대방이 당신이 누구인지를 알게 된다. 이것은 ‘名’의 뜻이 야간에 상대방에게 스스로의 성명을 밝히는 것에 있음을 말하는 것이다. 따라서 ‘名’의 본래 의미는 자신의 이름이다. 아이가 출생하고 3개월 이내에는 이름을 지어야 하는데, 일반적으로 부모님 혹은 가족 중에서 명성이 높은 어른이 이름을 짓게 된다. 이렇게 하여 아이는 다른 사람과 구별되는 부호를 갖게 된다.

중국은 역대로 ‘예절을 중시하는 나라’라고 불렸다. 혼례, 상례, 제례에서 예의를 많이 따질 뿐만 아니라 일상생활에서도 예절 규범이 많이 있다. 고대의 성인들은 모두 예의를 제창하여 사람들이 서있거나 앉아있거나 모두 예

절의 기준에 맞기를 원했다. 가령, 고대 사람들은 서로 마주볼 때 항상 손을 마주 잡는 '공수례拱手禮'라는 예를 행했다. '拱'(두 손 맞잡을 공)자의 소전체는 '拱'으로 한 손에 '共'자를 더한 것인데, 두 손을 가슴 앞에 두고 서로 만났을 때 상대에 대한 경의를 표시하는 것이다. 물론 현재에는 이미 공수례를 하지 않으며, 악수를 하는 것이 지금 유행하는 인사이다.

고대에 유행한 또 다른 것으로 '拜禮(배례)'라는 것이 있다. '拜'(절 배)는 두 개의 '手'자로 이루어진 것으로 두 손을 모아 절하는 것을 나타냈는데, 후에 인사를 하거나 축하를 하는 모든 것을 가리키게 되었다.

중국인의 예절은 일상생활 가운데 체현되어 있을 뿐만 아니라 고대인의 정신이나 신념 속에도 체현되어 있다. 아래에서 이에 대해 상세하게 소개하도록 하자.

예절 방면의 지식을 많이 언급했는데, 그렇다면 '禮'자는 무슨 뜻인가? 이는 아래의 '禮'자의 자형을 보면 분명해진다.

禮 (예도 례)

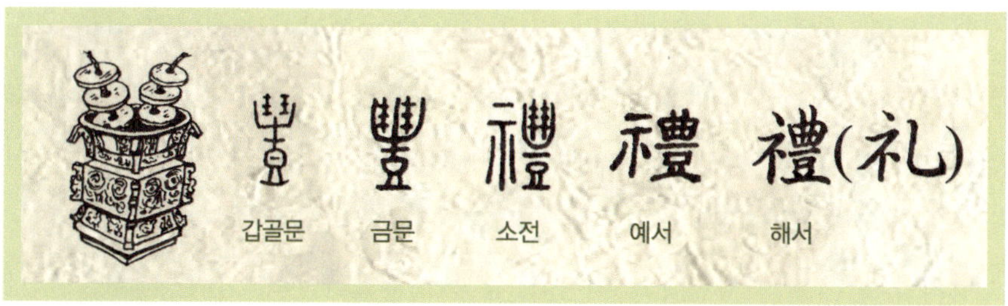

갑골문과 금문에 보이는 '豊'에서, 아랫부분의 '豆'는 제사에 사용되는 그릇이고 윗부분의 일부는 두 꾸러미의 '玉'이다. 전국시대가 되어 '禮'자에 '示'가 더해졌는데, '示'는 제단을 나타낸다. 제사에 사용되는 그릇인 '豆' 안에 제물로 쓰일 두 꾸러미의 옥을 넣어서 신에 대한 존경을 나타내었다. 이것이 후에 사람에 대해 예의를 갖추는 것을 나타내는 데에 쓰여 예절을 가리키게 되었다.

　제사는 참가하는 사람이나 제물, 시간, 장소, 방위부터 일련의 과정에 이르기까지 모두 정해진 순서에 따라 엄격하게 진행된다. 이는 실질적으로 현실사회의 등급이나 친소親疎 등 사회관계를 규범화하여 보여주는 것이다. 따라서 '禮'자는 후에 사회적 행위준칙과 도덕규범을 가리키게 되었다.

　고대 중국에서 매우 중요한 의례의 하나로, 남자가 20세가 되었을 때 고대의 모자인 '冠'(갓 관)을 쓰도록 하는 것이다. 이것은 이 사람이 이미 성인으로 자랐다는 것을 나타내는데, 이 중요하고도 융성한 의식을 '관례冠禮'라고 부른다. '𠖔'는 '冠'자의 소전체 자형으로 '冖', '元', '寸' 세 글자가 합하여 이루어진 것이다. '冖'(덮을 멱)은 머리 위를 덮는 베로, 그 본래의미는 '모자'이다. '元'은 서 있는 사람으로, 본래의미는 사람의 '머리'이다. 또 '寸'은 손을 가리킨다. 이 세 부분이 합해진 뜻은 손으로 모자를 머리에 씌우다는 것이다. 단순히 모자를 쓴다는 것이 아닌데, 이는 고대에 관례가 매우 중요한 의미를 갖고 있기 때문이다. 이는 한 사람이 성인으로 성장했으며 이후에는 각종 책임과 의무를 맡아야함을 나타낸다. 따라서 관례는 매우 융성하게 거행했으며, 가족 중 가장 명망이 있는 어른이 주도하고 친지들이 모두 와서 축하해주며, 당연히 융성한 술자리를 열어 친척과 친구를 초청하게 된다. 관례를 거행한 후 남자는 결혼을 하고 아이를 낳을 수 있게 되며 성인의 한 사람으로 책임을 맡게 된다.

　남자가 관례를 거행한다면 여자가 성년이 되었을 때는 어떤 의식을 거행하는가? 고대에 여자는 15세에 성년이 되는데, 15세가 되었을 때 집에서는 모두 그녀를 위해 융성한 계례笄禮를 거행하여 그녀가 이미 성인이 되었음을 나타낸다. '笄'(비녀 계)는 머리에 꽂는 장식물인데, 처음에는 대나무로 만들었기 때문에 글자의 머리 부분에 '竹'을 써서 비녀의 재료를 나타내었다. 여자가 15세가 되면 머리를 묶어 쪽을 틀고 여기에 비녀를 꽂게 된다. 이것이 성인 여성의 머리 모양이다. 남자의 관례와 마찬가지로 여자의 계례도 매우 융성하게 진행하며, 여자가 계례를 한 이후에는 결혼을 할 수 있게 된다.

고대에는 일반적으로 이름인 '名' 외에 '자字'가 있다. 앞서 이미 언급한 것처럼, 아이가 태어나고 3개월 이전에 집안의 어른께서 아이에게 이름을 지어준다. 일반 가정에서 아이를 부를 때에는 그의 이름을 부르지만, 밖에서 친구 사이에 마음대로 이름을 부를 수 없다. 이것은 예의가 바르지 않은 행위이다. 그렇다면 어떻게 다른 사람을 불러야 하는가? 그것이 바로 '자'이다. 남자가 20세가 되어 관례를 행하고 여자가 15세가 되어 계례를 행할 때, 중요한 일의 하나가 '자'를 갖게 된다는 것이다.

여인의 성년식인 계례(笄禮)

계례 후에 '자'를 받는 의식

字 (글자 자)

'字'의 갑골문 자형의 윗부분은 '宀'으로 방을 나타낸다. 아랫부분은 '子'

인데, 아이의 형상이다. 이 두 부분이 합해지면 여자가 방안에서 아이를 낳는 것인데, 후에 사람의 이름을 가리키는 것을 발전하였다. 친구 사이에는 상대방의 이름을 부를 수 없으며 자를 불러서 상대방에 대한 존경을 표시한다. 그러나 다른 사람에 대해 자신을 호칭할 때에는 자신에 대한 겸손을 나타내기 위해서 이름을 써야하며 자를 쓰지 않는다. 일반적으로 한 사람의 자와 이름은 의미상 연관되어 있다. 가령, 교육자인 공자孔子의 학생으로 염경冉耕이 있는데, 그의 이름이 '耕'(밭갈 경)이고 자가 '伯牛(백우)'이다. 왜 '伯牛'라고 부르는가? 밭을 갈 때 당연히 소를 써야하므로 '牛'와 '耕'의 관계는 매우 밀접하다. 또 제갈량諸葛亮의 이름은 '亮'(밝을 량)이고 자는 '공명孔明'인데, '明'(밝을 명)이 '亮'의 뜻이다.

제갈량과 그의 사당 무후사(武侯祠)

관례와 계례는 한 사람이 성인이 되었다는 표시로 사람들에게 매우 중시된다. 이러한 의식은 젊은 사람을 축하해주는 것이다. 그렇다면 노인에 대해서 사람들은 어떻게 해야 하는가? 중국은 노인을 존경하고 어린이를 사랑하는 국가로서 노인을 매우 중시한다. 노인에 대한 존중은 한자 속에 드러나 있는데, 가령 '孝'자는 노인에 대한 중국인의 존경을 잘 보여주고 있다.

孝 (효도 효)

'孝'는 중국의 기본적인 도덕의 하나인데, 부모를 존경하고 받들어 모시는 것이 '孝'이다. '孝'자의 갑골문 자형을 보면, 윗부분은 허리가 휘고 등이 구부정하며 머리가 별로 없는 노인이고 아랫부분은 아들이다. 이것은 아들이 노인을 옆고서 길을 가는 것으로, 노인에게 효도하고 공경한다는 뜻이다. 고대뿐만 아니고 현대에도 부모를 공경하고 효도하는 것은 여전히 중요한 미덕이다.

이밖에 '壽'자도 노인에 대한 중국인의 존경을 잘 보여주고 있다.

壽 (목숨 수)

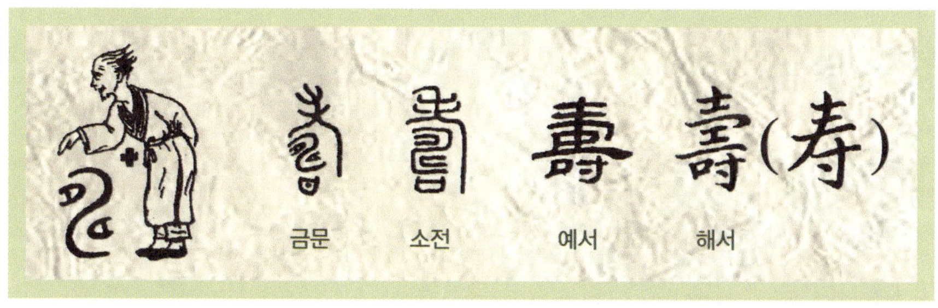

'壽'의 갑골문 자형을 보면, 윗부분은 허리가 굽은 노인이고 아랫부분은 한 손과 '口' 하나가 있다. 전체 한자는 손으로 잔을 들고 노인에게 축수하

수성(壽星) : 인간의 수명을 관장하는 신

는 장면을 본뜬 것이다. 중국에서 노인의 생일이 매우 중시된다. 더욱이 60세, 70세, 80세의 생일을 맞았을 때 집안에서 나이가 적은 사람들은 모두 밖에서 집으로 돌아와 노인에게 축하를 하며 큰 축수 행사를 거행하게 된다. 장수를 축하는 잔치에서 보통 장수면長壽麵을 먹는다. 장수면은 사람의 수명이 길고 긴 면발처럼 길고 오래가기를 희망하는 뜻이 담겨있다. 민간의 길상을 나타내는 그림에는 머리가 크고 수염이 긴 노인의 형상이 있는데, 그는 굽은 지팡이를 잡고 손에는 복숭아를 들고 있으며 얼굴에는 만면에 웃음을 띠고 있다. 그는 전설상에서 인간의 수명을 관장하는 신 수성壽星으로, 장수를 상징한다. 농촌에서 노인의 집안에는 항상 수성과 같은 길상을 나타내는 그림이 붙어있는데, 이는 집안의 노인이 수성처럼 장수할 수 있기를 희망하는 것이다.

3 한자와 제사

고대에 제사는 매우 중요한 일이다. 고대에 제사를 지낼 때의 상황은 대단히 거대해서, 위로는 황제로부터 아래로는 보통 백성에 이르기까지 매년 제사를 거행한다. 제사는 여러 가지 종류가 있는데, 하늘의 신에 대한 제사, 땅의 신에 대한 제사, 재물의 신에 대한 제사, 조상에 대한 제사 등이 그것이다.

示 (보일 시)

'示'는 신주, 위패의 뜻이다. 자형은 마치 나무나 돌기둥으로 만든 신주의 형상이다. 대략 6,000년 전에 만들어진 중국 시안西安의 반파半坡 유적지에는 제사를 지낸 터가 남아있다. 유적의 중간에 얕은 구덩이가 있고, 구덩이의 중간에 높이가 70cm쯤 되는 돌기둥이 세워져 있다. 돌기둥의 머리 부분이 타원형이고 돌기둥의 북쪽에 두 개의 작은 구덩이가 있는데, 이 구덩이에 수십 개의 작은 도기와 도기항아리가 놓여있다. 이는 모두 제사에 사용되던 물건으로, 돌기둥이 신주일 가능성이 있다. 고대인들은 신이 재물을 늘리고 재난을 피할 수 있도록 도와준다고 생각하여 항상 신에게 제사를 지냈다. '示'

는 신을 대신하여 제사를 받아들이는 신령스러운 사물이다. 한자에서 '示'자로 이루어진 글자는 대부분 숭배, 축원, 귀신, 제사 등과 관련이 있다. 가령, '福'(복 복), '祝'(빌 축), '神'(귀신 신), '祀'(제사 사), '祭'(제사 제), '祈'(빌 기) 등이 그 예이다.

'示'가 편방으로 쓰일 때에는 '礻'(시자 방)으로 쓰인다.

且 (또 차)

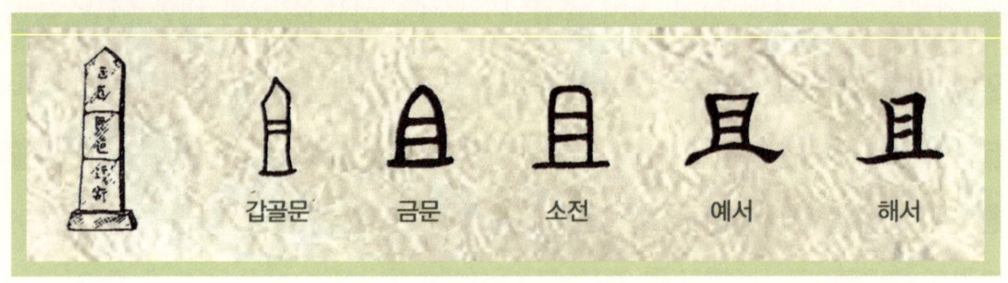

'且'의 최초 독음은 '조'이며, 갑골문 자형은 본래 고기를 자르는 도마를 가리킨다. 이는 나무토막으로 만든 것이며 중간의 두 가로선은 칼자국을 가리킨다. 어떤 자형은 도마 위에 고기가 있는 것도 있다. 고대의 제사에서 희생을 썼는데, '且'를 써서 동물의 몸을 담아 제사 대상의 앞에 펼쳐놓았다. 금문의 '且'는 때로 옆에 '又'를 더한 것도 있는데, '又'가 손이므로, 바친다는 것을 나타낸다. '且'에는 또한 '제사용 그릇'의 뜻이 있다. 후에 이를 '俎'(도마 조)로 썼다.

宗 (마루 종)

'宗'은 '宀'과 '示'로 구성되었다. '宀'이 집을 나타내므로, 집안에 신주를 펼쳐놓은 것을 뜻한다. 따라서 '宗'의 본래의미는 신위를 모셔서 배열해놓은

곳이다. 조상의 신위를 모셔놓은 곳을 '종묘宗廟' 혹은 '조묘祖廟'라고 한다.

祖 (조상 조)

'祖'자는 처음 '且'라고 썼으며 조상의 신위 모양을 본뜬 것인데, 후에 '示'를 더했다. 따라서 '祖'는 조상의 뜻이 있으며, 또한 가족의 어른을 나타낸다. 중국인들은 자기의 조상을 매우 존경하고 숭배하며, 성씨는 아버지의 성을 따른다. 부친의 부친을 '조부祖父'라고 부르고, 모친의 부친을 '외조부外祖父'

민간의 조묘

라고 하며, 자기 가족이 조상을 모시는 곳을 '조묘祖廟'라고 부른다. 매년 조묘에서 제사를 지내는 것이 한 가정에서 가장 큰 일이다.

神 (귀신 신)

고대인의 생산력과 인지능력은 낮은 편이어서 대자연이 시시각각 사람들의 생존을 위협하였다. 그래서 사람들이 이러한 신비한 능력을 두려워하여 '神'이 해를 끼치고 있는 것이라고 생각했다. '神'자가 '示'와 '申'으로 이루어졌는데, '申'(電)은 비가 올 때 하늘에 나타나는 번개를 가리킨다. 번개가 신비하고 무서운 것이어서 매번 번개가 칠 때면 사람들은 신령이 왔다고 생각하였다. 사람들은 신이 모든 것의 창조자이며 주재자이고 무한한 위력을 갖고 있다고 생각했기 때문에, 신에 대해 경외감을 갖고서 매년 신에게 제사를 지내서 신령의 보호를 빌었다.

앞의 '禮'자를 설명할 때 언급한 것처럼, 제사할 때에 옥그릇을 준비해야 한다. 그러나 사실 옥그릇뿐만 아니라 음식, 특히 고기를 준비해야한다. 고기가 고대인이 가장 얻기 어렵고 진귀한 음식이기 때문에, 장중한 제사에서 신에 대한 존경을 표하기 위해서 귀중한 고기를 써서 제사를 지낸다.

祭 (제사 제)

'祭'자의 갑골문 자형을 보면, 왼쪽이 '肉'이고 오른쪽이 '又'(오른손을 나타냄)인데 한 사람이 오른손으로 고기 덩어리를 잡고 신령의 앞에 가져가는 것을 본뜬 것이다.

사람들이 신령에게 제사를 저내는 것은 신의 보호를 구하는 것이며, 신령의 축복을 구하는 것이다.

祝 (빌 축)

'祝'자를 살펴보면, 오른쪽은 한 사람이 신주 앞에 꿇어앉아 입을 벌렸다 다물었다 하면서 주문을 외고 있는데, 하늘의 보호를 기도하고 있는 것을 뜻한다. 현대중국어의 '祝'(zhù)자에는 "祝你生日快樂."(생일 축하합니다), "祝你幸福."(행복을 기원합니다) 등의 말처럼 '축복하다'의 뜻이 있다.

사람들이 신령에게 제사를 지내는 것은 상서로움이나 행복을 위해서이다. 중화민족은 상서로움을 추구하는 민족이어서, 사람들은 아름다운 생활에 대해 언제나 큰 희망을 품고 있다. '祥'자가 이러한 심리를 표현하고 있다.

祥 (상서로울 상)

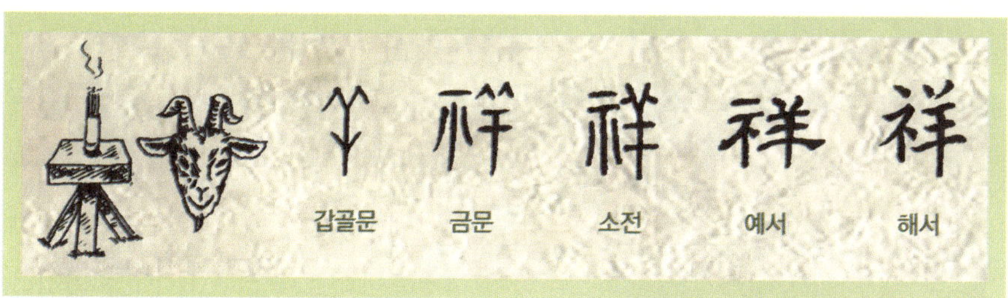

'祥'은 '示'와 '羊'으로 구성된 것이다. 양은 고대인들이 매우 좋아했던 동물인데, 양고기가 먹기에 신선하고 맛이 좋고, 양의 모피가 보온에 좋으며 또한 양의 성격이 온순하고 선량하다. 이 때문에 사람들이 양이 있으면 생활이 행복해진다고 생각하여 양은 사람들의 마음속에서 가장 상서롭고 훌륭한 동물이 되었다. 이는 '美好'(미호 : 훌륭하다, 아름답다)라는 말의 '美'자, '善良(선량)'이라는 말의 '善'자에 모두 '羊'이 들어있는 것에서도 설명할 수 있다. '羊'자 옆에 제사를 표시하는 '示'를 편방으로 쓰면, '빌다' 혹은 '희생물'이라는 뜻을 더하게 되어, 사람들이 상서롭고 행복함을 추구하는 것을 표현하게 된다.

사람들은 하늘의 신에게 제사할 뿐만 아니라 토지의 신에게도 제사해야 한다. 토지의 신을 '社'라고 부른다.

社 (토지의 신 사)

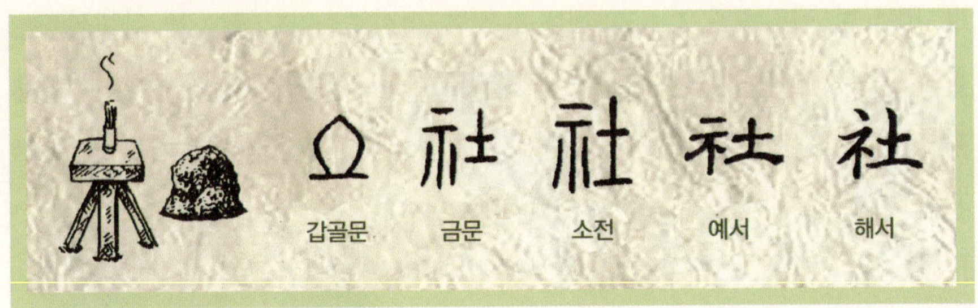

'土'가 토지를 가리키고 '示'가 제사를 나타낸다. 이 '社'자는 토지의 신에게 제사를 지낸다는 뜻이다. 고대인들이 농경을 위주로 하였으므로 특별히 토지가 좋고 나쁨을 중시해서 매년 토지의 신에게 제사지냈다. 많은 지역에 '사묘社廟' 혹은 '토지묘土地廟'라 부르는 토지의 신에게 제사지내는 곳이 있고 토지에 제사지내는 날을 '사일社日'이라 부른다. 토지의 신에 대한 제사를 통해 우리는 사람들이 토지를 얼마나 중시했고 토지의 신을 어떻게 존중했는지를 알 수 있다. 고대의 군주는 또한 곡식의 신인 '稷'(기장 직)에 제사를 지냈다. 북경에는 사직단社稷壇이 있다. 고대 중국에서 상용되는 '사직社稷'이라는 말은 국가를 지칭한다.

이상을 통해 다방면의 중국 풍속이 한자에 기록되어 있어 한자에는 다채로운 세계를 포함하고 있음을 알 수 있다.

제 8 장

한자와 철학

철학과 신앙은 문화의 중요한 부분이다. 방위와 숫자 또한 철학적 의미를 가지고 있다. 그렇다면 한자가 어떻게 방위를 표시하고 있는가? 한자와 중국의 철학, 종교는 어떤 관계가 있는가? 한자의 숫자는 또 어떤 의미가 있는 것인가?

1 | 한자와 방위

‘방위方位’란 ‘방향方向’과 ‘위치位置’를 뜻한다. 한자에서 ‘東, 西, 南, 北’이 방향을 표시하고, ‘上, 中, 下, 前, 後, 左, 右’가 위치를 표시한다.

이제 ‘방향’을 표시하는 한자를 먼저 살펴보도록 하자.

東 (동녘 동)

| 갑골문 | 금문 | 소전 | 예서 | 해서 |

태양은 매일 동쪽에서 떠오른다. 전설에 의하면, 동쪽의 큰 바다에 높이가 수천 미터나 되는 ‘부상扶桑’이라는 신기한 나무가 있다. 태양은 신령스러운 나무인 부상 위로 솟아오르기 때문에 소전체 ‘東’자는 ‘東’으로 쓴다. 이 글자는 ‘日’과 ‘木’으로 이루어져 있다.34

중국인들은 전체 세계가 ‘金(쇠붙이), 木(나무), 水(물), 火(불), 土(흙)’의 다섯 가지 물질로 구성되어 있다고 인식한다. 각각의 방향은 하나의 원소를 대

---

34 ‘東’자의 갑골문 자형은 전대처럼 바닥이 없는 자루를 가리키며 동쪽이라는 뜻은 후에 가차되어 쓰인 것이다. 이 책에서는 소전체 이후의 자형을 기준으로 설명한 것이다.

표한다. 중국의 동부는 기후가 온난해서 수목의 성장에 적합하다. 따라서 동쪽은 '木'을 대표한다. 나무의 색은 푸른색이며, 동쪽을 대표하는 색깔 또한 푸른색이다.

西 (서녘 서)

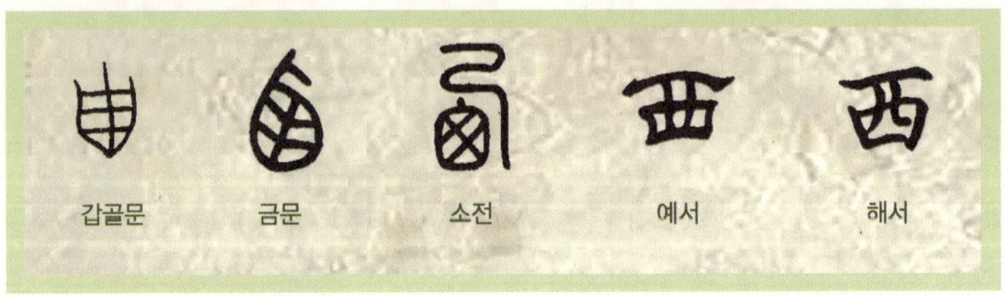

태양이 서쪽으로 지면 하루 동안 일을 하던 사람들이 귀가하며 새들도 둥지로 날아온다. 그래서 '西'자는 원래 새의 둥지 모양인 '◈'이다. 중국의 서부에서 금속을 많이 생산하므로 중국인은 서쪽이 금속의 특징이 있다고 생각한다. 따라서 서쪽이 '金'을 대표한다. 가을의 서풍을 '금풍金風'이라고도 부른다. 금속이 모두 흰색의 빛을 갖고 있으므로 서쪽을 대표하는 색깔이 흰색이다.

南 (남녘 남)

동서남북의 '南'자는 원래 '㘵'로 썼으며, 악기의 모양을 본뜬 것이다. 어떤 견해에 의하면, 이 악기가 남쪽지방에서 크게 유행해서 '南'을 표시하는 데 쓰였다고 한다. 또 어떤 견해에 의하면, 옛날 사람들이 음악을 감상할 때에 남쪽을 향해서 앉으므로 이 글자를 썼다고 한다. 나침반은 중국의 사대 발명품에 속한다. 전설에 따르면, 황제黃帝가 지남차指南車를 발명한 적이 있다고 한다. 지남차 위에 나무로 만든 작은 사람이 있는데, 그의 손이 항상 남쪽 방향을 가리킨다고 한다. 또 2,200여 년 전에 사람들은 사남司南이라는 것을 만들었다. 사남은 자석으로 만들었으며 국자 모양을 하고 있다. 사남을 어느 곳에 두더라도 그 자루가 남쪽을 가리킨다. 사남이 후에 나침반으로 변하였다.

지남차   사남

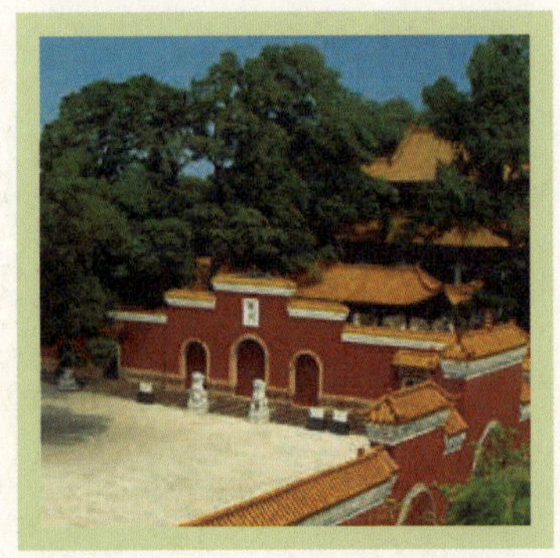
염제릉

중국의 남부는 기후가 무더워서 남쪽이 '火'를 대표한다. 불꽃이 붉은색이므로 남쪽을 대표하는 색이 붉은색이다. 염제炎帝는 중국인의 조상 중의 한 명인데, '炎'(불탈염)에는 '불빛'의 뜻이 있다. 전설에 따르면, 염제가 중국의 남쪽 지방을 다스린 적이 있다고 한다. 오늘날 중국의 남쪽지방인 후난성湖南省에 염제릉炎帝陵이라고 부르는 염제의 무덤이 있다.

北 (북녘 북)

앞에서 이미 언급한 바 있듯이, '北'자는 원래 'ᝅ'로 썼으며, 두 사람이 등을 지고 있는 모양을 본뜬 것이다. '北'은 본래 '背'(등 배)를 나타내었다. 과거 싸워서 패배한 것을 '敗北(패배)'라고 썼는데, 이는 패배한 병사가 도망갈 때에 적에게 등을 지기 때문이다. 태양이 남쪽에 있으므로 사람들이 앉아 있을 때 햇볕이 있는 남쪽을 향하고 북쪽을 등지기를 좋아한다. 그래서 '北'자가 후에 북쪽을 나타내게 되었다. 중국의 건축물은 항상 남향으로 하여 북쪽을 등지고 있다.

북쪽지방은 태양으로부터 멀기 때문에 어둡고 습한 것을 상징한다. 그래서 북쪽이 '水'를 대표하며 북쪽을 대표하는 색깔이 검은색이다.

이것이 동서남북의 네 방향이다. 중국어에 '東西'라는 말은, 방향을 나타내

는 것 외에 모든 물건을 가리킬 수 있다. 왜 '南北'을 쓰지 않을 것일까? 어떤 견해에 따르면, '東'이 '木'을 대표하고 '西'가 '金'을 대표하는데, '木'과 '金'으로 만들어진 사물이 많다. 그에 비해 '南'이 '火'를 대표하고 '北'이 '水'를 대표하는데, 어떤 물건도 '水'와 '火'로 만들어진 것이 없다. 그래서 '東西'를 쓸 수 있을 뿐이고 남북으로 사물을 가리킬 수 없다.

이제 한자에서 위치를 나타내는 말을 살펴보도록 하자.

中 (가운데 중)

| 갑골문 | 금문 | 소전 | 예서 | 해서 |

'中'은 원래 '中'로 쓰는데, 깃발은 중앙에 세우는 것이므로 '中'에는 '중간, 중앙'이라는 뜻을 갖게 되었다.

'中'은 또 '東, 西, 南, 北'과 함께 방향을 나타낼 수 있다. 옛날 중국인들은 자신들이 세계의 중앙에 살고 있다고 생각하여 자신들이 사는 곳을 '中國'이라고 불렀다. 중국의 역사는 처음 '中原(중원)'에서 시작되었다. 중원은 중국 중부의 평원지대인데, 황하의 가에 위치하여 토지가 비옥하고 농경에 적합하였다. 그래서 '中'이 '土'를 대표한다. 土가 황색이며, '中'을 대표하는 색이 황색이다. 중원지방 최

황제상

초의 우두머리라고 전해지는 중국인의 조상이 황제黃帝이다.

前 (앞 전)

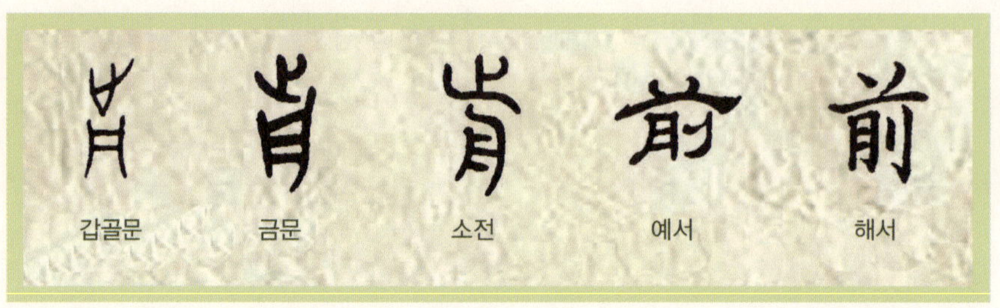

　‘前’은 원래 ‘𣥂’라고 썼는데, 윗부분이 ‘止’로 ‘다리’를 나타내고 아랫부분
이 ‘舟’로 ‘배’를 나타낸다. 사람이 배 위에 서있으면 발을 움직이지 않아도
앞으로 나아갈 수 있다. 그래서 ‘前’에 ‘앞’, ‘전진’이라는 뜻이 있다. 시간적
으로 ‘前’이 과거를 가리킬 수 있다. 현대중국어의 ‘前天’(qiántiān : 그제),
‘前年’(qiánnián : 재작년) 등이 이 예이다.

後 (뒤 후)

　‘後’는 ‘뒤쪽’을 가리킨다. 시간적으로 ‘後’가 장래를 가리키는데, 현대중국
어의 ‘後天’(hòutiān : 모레)가 이 예이다. 중국의 성어로 “前事不忘, 後事之
師.(전사불망, 후사지사.)”라는 말이 있는데, 과거의 일을 잊을 수 없으니 그
러한 경험과 교훈이 장래의 일을 지도해준다는 뜻이다.
　‘左’(왼 좌)와 ‘右’(오른 우)는 앞에서 이미 언급한 것처럼 왼손과 오른손을
본뜬 것이다. 동쪽이 ‘左’를 대표하고 서쪽이 ‘右’를 대표할 수 있다. 그래서
중국 난징南京의 일부 지역이 양자강의 동쪽에 있어서 ‘江東’이라고 부르는
데 과거에 ‘江左’라고도 불렀다. 이 지역의 서남쪽이 ‘江西’인데, 과거에 ‘江

右’라고도 불렀다.

중국에는 ‘男左女右(남좌여우)’라는 습관이 있다. 왼쪽이 남자를 나타내고 오른쪽이 여자를 나타낸다는 뜻이다. 왜 이렇게 되었는가? 전설에 따르면, 하늘과 땅을 열었던 반고盤古라는 신이 있었다고 한다. 아주 오래 전 우주는 어느 것도 나누어지지 않은 혼돈 상태였고 빛도 소리도 없었다. 반고가 큰 도끼를 써서 이 혼돈을 갈라내어 가볍고 맑은 기운이 위로 올라가 하늘이 되고 무겁고 탁한

복희와 여와

기운이 아래로 가라앉아 땅이 되었다. 반고가 죽은 후 왼쪽 눈이 태양이 되고 오른쪽 눈이 달이 되었다. 해의 신을 복희伏羲라고 부르고 달의 신을 여와女媧라고 불렀는데, 이 신이 바로 사람을 만들고 하늘을 메웠던 여신이다. 그래서 사람들이 줄곧 ‘男左女右’라는 습관을 따르게 되었다.

‘上’, ‘下’ 또한 위치를 표시한다. 앞에서 말한 바와 같이 ‘上’은 원래 ‘⌐’라고 써서 짧은 가로획이 긴 가로획 위에 놓여있다. ‘下’는 원래 ‘⌐’라고 써서 짧은 가로획이 긴 가로획의 아래에 놓여있다. ‘上’, ‘下’와 동서남북 네 방향을 합하여 ‘육합六合’이 라고 부른다. ‘六合’은 모든 방위를 나타내며 전 세계를 가리킬 수 있다.

위에서 살펴본 글자들은 방위를 나타낸다. 중국인이 위와 같은 독특한 방식으로 세계를 인식하고 있었던 것이다.

철학과 종교는 자신과 세계에 대해 인간이 어떻게 사고하고 어떻게 상상 했는지가 반영된 것이다. 한자는 중국인들이 어떻게 사고하고 상상했는지를 우리에게 알려준다.

氣 (기운 기)

앞에서 언급한 것처럼 중국인들이 '金, 木, 水, 火, 土' 다섯 가지 물질이 전체 세계를 구성한다고 생각하는데, 또한 '氣'가 모든 물질을 구성한다고 생각한다. '氣'란 무엇인가? '氣'자는 원래 '三'라고 쓰는데, 공기의 흐름을 본뜬 것이다. '氣'는 형상이 없으므로 그것을 볼 수도 없고 만질 수도 없다. "聚則成形, 散則成氣.(취즉성형, 산즉성기)"라는 말이 있는데, 이 뜻은 '氣'는 함께 모여 있으면 물질을 만들고 흩어지면 다시 '氣'로 변한다는 말이다. 자연의 변화나 생명의 생장이 모두 '氣'에 의지하며, '사람'은 '氣'의 정화로 구성된 것이다.

陰 (음달 음)

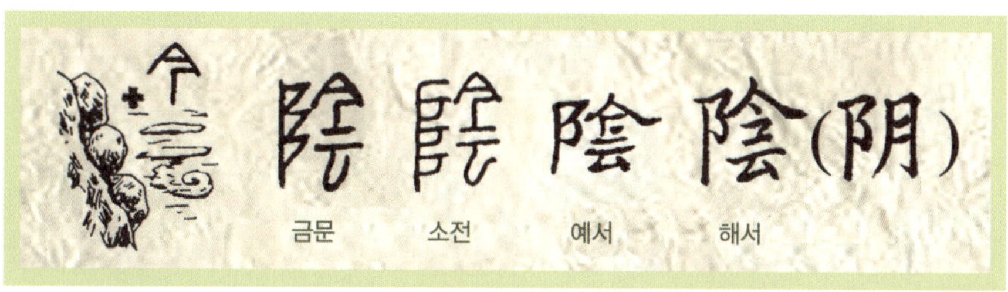

陽 (볕 양)

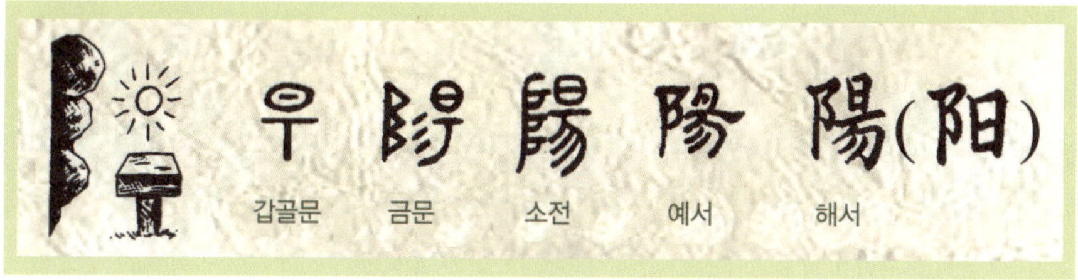

'氣'는 일체의 물질을 구성하며 물질은 모두 '음'과 '양'의 두 가지 성질을 갖고 있다. '음'이 유약함, 안정을 대표하고 여성을 닮았다. '양'이 강대함, 건장함을 대표하고 남성을 닮았다. 사람뿐만 아니라 일체의 모든 것에 '음' 과 '양'이 있다. 가령, 하늘이 '양'이고 땅이 '음'이며, 낮이 '양'이고 밤이 '음' 이며, 여름이 '양'이고 겨울이 '음'이다. '음'과 '양'의 변화와 운동이 모든 것을 만들어낸다.

중국에 태극도太極圖가 있는데, 중국 인의 음양 관념을 표현한 것이다. 흰색 이 '양'을 나타내고 검은색이 '음'을 나

태극도

타낸다. 흰색 중간에 검은 점이 있는데, '양'이 발전하여 최고점에 도달하면 '음'으로 변한다는 것을 나타낸다. 마찬가지로 검은색 중간에 흰 점이 있는데, '음'이 발전하여 최고점에 도달하면 '양'으로 변한다는 것을 나타낸다. '음'과 '양'의 융합과 변화가 전체 우주를 대변하고 있다.

'음'과 '양' 두 글자가 모두 'ß'을 편방(언덕 부 방)으로 하고 있다. 'ß'는 원래 'ß'라고 썼는데, 작은 세 개의 산을 본뜬 것이다. 'ß'자는 '山'의 뜻을 표시한다. 일반적으로 산의 남쪽은 햇볕이 내리쬐어 온난하므로 '양'이 되고, 산의 북쪽은 햇볕이 비추지 않으므로 차가워서 '음'이 된다. 중국에 '華陰(화음)'이라는 곳이 있는데, 화산의 북쪽에 있다. 또 '嵩陽(숭양)'이라는 곳이 있는데, 숭산의 남쪽에 있다.

'陰', '陽', '氣'는 세계에 대한 중국인의 사고를 반영하고 있으며, 한자는 세계에 대한 중국인의 상상을 반영하고 있다. 가령 다음을 보자.

神 (귀신 신)

'神'은 원래 '禮'로 쓴다. 어떤 학자는 '禮'가 하늘의 번개를 본뜬 것으로 무섭고 신비하여 신의 힘을 나타낸다고 설명한다. 또 어떤 학자는 '禮'는 용의 모양이라고 설명한다. 용은 신령스러운 존재로 옛사람들이 상상을 통해 만들어낸 동물이다.

'神'자의 '示'가 후에 더해진 것이며 원래는 'T'로 써서 '제단'을 나타낸다. '示(礻)'를 쓰는 글자는 항상 신령스러운 존재와 관련이 있다. 다음을 보자.

社 (토지의 신 사)

제7장에서 언급한 것처럼 '社'자는 '土'가 들어있어서 본래 토지의 신을 나타낸다. 과거 농업은 매우 중요했기 때문에 토지가 가장 귀중한 것이다.

사람들의 입장에서 토지의 신이 가장 중요한 신이라 할 수 있다. 토지의 신에게 제사지내는 곳을 '사묘社廟'라고 부른다. 황제의 사묘가 가장 크고, 전체 국가의 토지를 상징한다. 민간에도 사묘가 있는데, 매 부락마다 하나의 사묘가 있다. 매번 명절을 지낼 때 사람들이 사묘에 와서 명절을 축하한다. 이렇게 많은 사람들이 사묘에 모이는

사묘(토지묘)

것을 '社會(사회)'라고 부른다. 후에 '社'에 '조직', '단체'의 뜻이 생겨났고, '사회'의 뜻도 확대되어 'society'를 가리키게 되었다.

다음 글자를 살펴보자.

鬼 (귀신 귀)

'鬼'와 '神'은 상대적인 것으로, 사람이 죽으면 '鬼'가 된다고 전해진다. 그래서 원래의 '鬼'자는 '甼'로 썼는데, 무서운 머리를 갖고 있는 사람을 본뜬 것이다. '鬼'가 비록 사람이 변해서 된 것이지만 사람에 비해 강하다. 전설에 따르면 창힐倉頡이 한자를 처음 만들었다고 하는데, 한자가 만들어졌을 때

하늘과 땅이 모두 놀랐고 귀신도 밤새워 울었다고 한다. 아마도 문자가 생기고 나면 사람들이 총명해져서 이전처럼 귀신을 믿지 않을 수 있기 때문이다. 확실히 문자의 발전에 따라 후대의 중국인이 그전처럼 귀신을 맹목적으로 믿지 않게 되었다.

위에서 살펴본 문자는 세계에 대한 중국인의 사고와 상상을 반영하고 있다. 사고와 상상이 있게 되면 철학과 종교가 생겨난다.

앞에서 '음'과 '양'을 언급했는데, 고대 중국인이 세계를 음과 양으로 나누었으며, 음과 양이 태극도를 구성하여 우주를 대변하고 있다. "陰陽互補"(음양호보 : 음과 양이 서로 부족한 부분을 보충해준다)는 중국 도가道家의 사상이다. 도가는 중국 고대철학의 유파이며, 노자老子가 그 창시자이다.

노자상

道 (길 도)

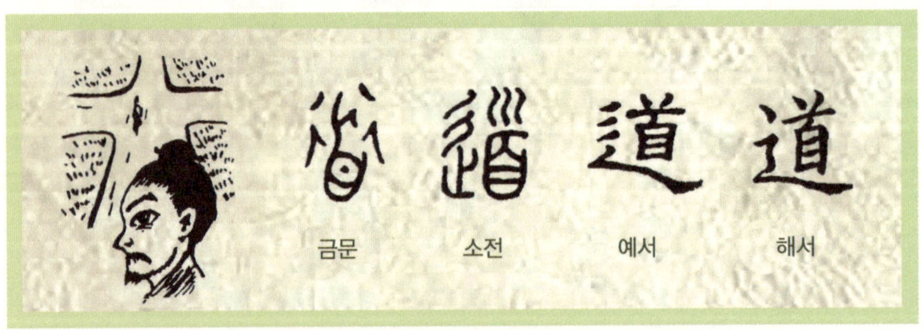

'道'자는 '辶'(쉬엄쉬엄 갈 착 받침)을 편방으로 쓰는데, '辶'은 길을 나타낸다. '首'자는 원래 '∭'로 쓰는데, 사람의 머리를 본뜬 것이다. '道'자가 한

사람이 길을 가는 것을 본뜬 것이어서 '길'이라는 뜻을 갖고 있다. 고대인들은 우주에 있는 기의 변화와 음양의 발전이 모두 그 자체의 '길'을 갖고 있으며, 이것이 바로 '道'라고 생각했다. 모든 사물이 '道'로부터 만들어진 것이다. 사람이 '道'를 장악하게 되면 고통과 사망으로부터 벗어나서 하늘과 땅처럼 영원이 존재할 수 있다. 후에 사람들이 사고의 방향을 '道'라고 불렀으며, '天人合一'(천인합일 : 하늘과 사람이 하나이다)이 도가의 중요한 사상이 되었다. 도가사상은 점차 도교를 만들어냈다. 도교는 중국 고유의 종교인데, 후난성湖南省의 무당산武當山, 스촨성四川省의 청성산靑城山, 산둥성山東省의 노산嶗山 등의 유명한 산에 도교 사원이 세워져 있다.

무당산의 도교 사원

청성산의 도교 사원

노산의 도교 사원

이제 다음 글자를 살펴보자.

仁(어질 인)

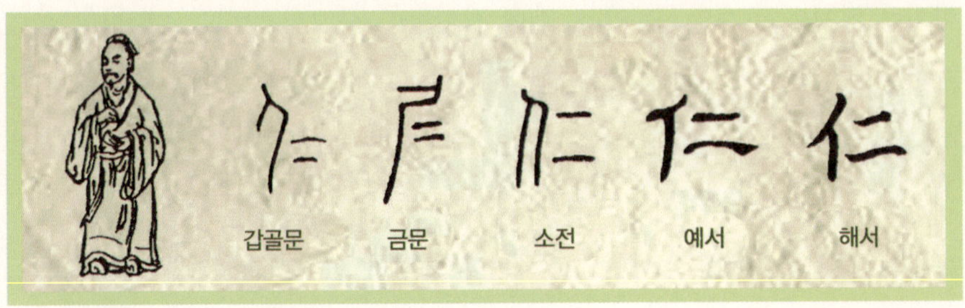

'仁'자가 나타내는 사상은, 중국 고대의 또 다른 중요한 철학유파인 유가에서 온 것이다. 그 대표자인 공자는 사람이 '仁'의 경지에 도달하도록 노력해야 한다고 생각하였다. "仁者, 愛人."(인한 사람만이 다른 사람을 사랑한다)이라고 말했다. '仁'자는 '두 사람(二人)'이므로, 사람과 사람 사이의 관계를 나타낸다. 공자의 뜻은, 사람은 자신과 다른 사람과의 관계를 잘 처리하여 자기의 위치를 바로 잡고 자신의 책임과 의무를 다해야 한다는 것이다. 어떤 제자가 공자에게 죽음에 대한 견해를 물은 적이 있었는데, 공자가 "未知生, 焉知死."(삶도 모르는데, 어찌 죽음을 알겠는가?)라고 대답하였다. 이 말은 "인생의 학문에 대해 내가 아직 잘 모르는데, 어떻게 죽음을 이해할 수 있겠는가?"라는 뜻이다. 그래서 유가는 현실적이고 종교의 일종이 아니다. 유가의 사상이 사회의 풍조를 개선하고 사회의 발전을 촉진시킬 수 있기 때문에 2천

공자상

여 년 동안 내내 중시되어 오늘날까지 매우 큰 가치를 가지고 있다.

세계에 대해 서로 다른 사고와 상상을 한다면 서로 다른 종교를 만들어낼 수 있다. 앞에서 말한 것처럼, 도교가 중국에서 생겨났고 중국 고유의 것인 데 비하여, 불교는 인도로부터 중국에 전해온 것이다. 불교는 세상의 모든 일은 인과因果에 의한 것이라고 생각한다.

因 (인할 인)

果 (과실 과)

'因'이 원인이고 '果'가 결과이다. '果'는 원래 '♣'라고 썼는데, 나무 위에 열매가 있는 모양을 본뜬 것이다. '因果'의 뜻은 "어떤 원인이 있으면 어떤 결과가 있다."는 것이니, 마치 어떤 씨앗이 있으면 어떤 열매가 있는 것과

북경 와불사(臥佛寺)의 큰 불상

마찬가지이다. 사람의 일생은 무수히 많은 인과 가운데에 있다. "善有善報, 惡有惡報."(선유선보, 악유악보 : 선을 행하면 선한 보답을 받고 악을 행하면 악한 보답을 받는다.)라고 말한다. 이는 선한 원인으로 선한 결과를 얻으며 악한 원인으로 악한 결과를 얻는다는 말이다. 그래서 사람들이 좋은 일을 많이 해서 선한 원인을 심어야 한다. 인과의 통제를 받지 않는 사람이 바로 '佛'(부처 불)이다. 그래서 '佛'자의 편방이 'ㅓ'이고 오른쪽 '弗'이 '불'로 읽는다는 발음을 알려준다. 중국 문화에 대한 불교의 영향은 매우 크다.

여러분은 위에서 설명한 한자를 이해하는가? 그것은 중국인의 철학이나 신앙과 관련이 있다. 이러한 한자를 통하여 우리는 중국의 문화를 더 깊이 이해할 수 있다.

3 | 한자에 쓰인 숫자

한자에 쓰인 숫자에는 특별한 의미가 있다.

一 (하나 일)

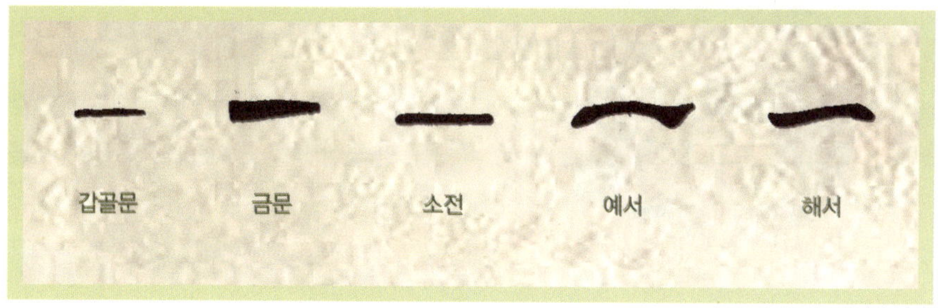

중국인은 '一'이 모든 것의 시작이라고 생각한다. 노자가 "道生一"이라고 말했다. 이 말은 우주가 처음 시작될 때 '道'가 '一'을 만들었다는 뜻인데, 여기의 '一'은 하늘과 땅의 만물이 형성되기 전의 혼돈상태를 가리킨다. 이것이 무無에서 유有로 가는 과정이다. 고대 사람들은 '一'을 숭상했다. 천상에서 가장 존귀한 큰 신을 '태일太一'이라고 불렀고, 지상에서 국가가 통일될 때에는 "天無二日, 國無二君."이라 했다. 이 말은 하늘에는 오직 한 개의 태양만이 있고 국가에도 오직 한 명의 군주가 있을 뿐이라는 뜻이다.

二 (두 이)

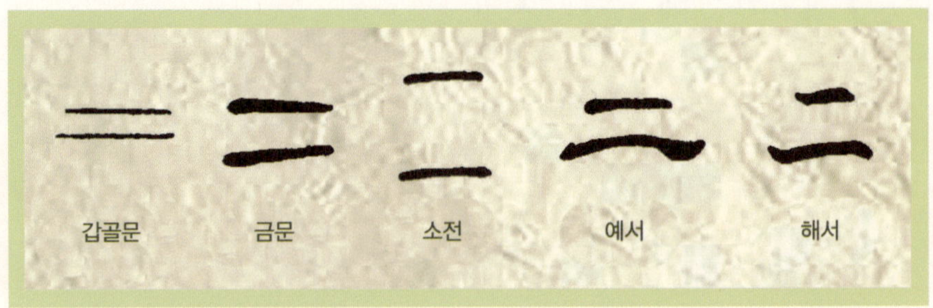

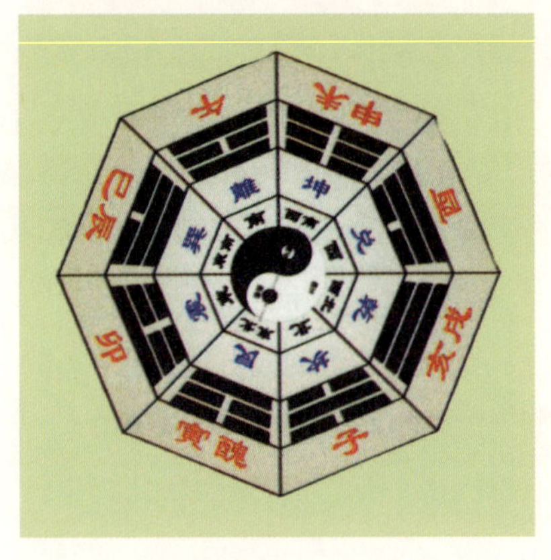

앞에서 말한 것처럼, 중국인들은 우주에 있는 일체의 모든 것에 음과 양이라는 두 가지 성질이 있다고 생각한다. 노자 또한 "一生二"라고 말했는데, 처음 만들어진 '一'에 음과 양이라는 두 가지 성질을 가지고 있다는 뜻이다. 중국인은 '二'라는 숫자를 좋아한다. 이 때문에 '二'와 관련된 단어가 많다.

가령, "일석이조一石二鳥"라는 말이 있는데, 한 가지 일을 해서 두 가지 목적을 달성한다는 것을 가리킨다. "호사성쌍好事成雙"이라는 말은, 두 가지 좋은 일을 뜻한다. "쌍희림문雙喜臨門"이라는 말은 두 가지 기쁜 일이 동시에 발생한 것을 말한다. "양전기미兩全其美"라는 말은, 한 가지 일을 하면서 두 측면에 대해 만전을 기하여 두 측면이 모두 잘 되도록 한다는 뜻이다. 이밖에 중국인은 선물, 특히 술을 선물로 보낼 때 언제나 짝수로 보내는 것을 좋아하는 데 이 또한 '二'를 좋아하는 것을 보여준다.

三 (석 삼)

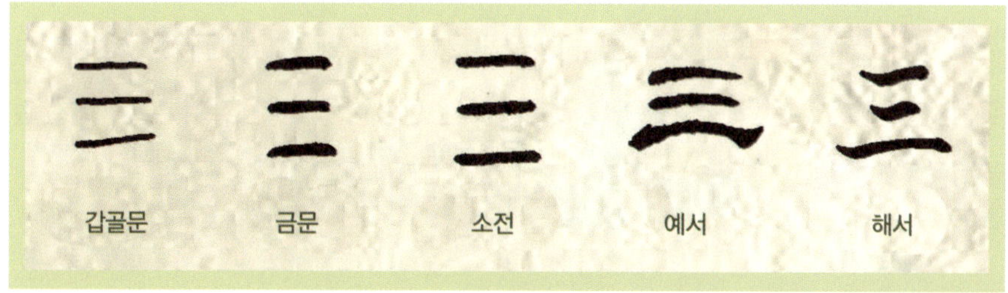

중국인들은 '三'이 신기한 숫자라고 생각한다. 노자는 "二生三, 三生萬物." 이라고 하였는데, '二'가 '三'을 만들어내고 '三'이 더 많은 사물을 만들어낸 다는 뜻이다. 세상에 '음'과 '양'이 있게 되면, '음'과 '양'이 변화하여 새로 운 사물이 많이 생겨나도록 한다는 뜻이다. 따라서 '三'은 '多'(많다)를 나타 낸다. 전설에 따르면, 중국의 역사는 세 명의 조상으로부터 시작되었는데, 이 세 명의 조상은 복희, 여와, 신농神農이다. 이들은 '삼황三皇'이라고도 부른다. '三'은 하늘天, 땅地, 사람人을 나타내기도 하는데, 이를 통칭하여 '삼재三才' 라고 부른다.

四 (넉 사)

'四'는 원래 '三'라고 쓰는데, 이는 네 개의 가로획이다. 나중에야 '四'라

고 썼다. 다른 숫자와 비교할 때 '四'는 그다지 환영을 받지 못하는 숫자이다. 가령 어떤 고층 건물에는 4층이라는 표지가 없다. 매달 4일에 결혼하는 사람이 매우 적다. 또 전화번호나 차량번호를 선택할 때 중국인은 이 '四'자를 피한다. 이것은 무엇 때문인가? '四'자의 발음이 '死'와 같기 때문에 불길하다고 생각하여 일부러 이것을 쓰지 않는 것이다.

五(다섯 오)

'五'는 원래 'ㄨ'로 썼다. 후에 'ㄨ'(乂 : 벨 예)와 구별하기 위하여 위아래에 두 개의 가로획을 더하여 'ㄆ'로 나타내었다.

앞에서 말한 것처럼 고대인은 金, 木, 水, 火, 土라는 다섯 가지 물질로 세계가 이루어져 있다고 생각했는데, 이 다섯 가지 물질을 오행五行이라고 한다. 오행이 모든 사물을 대표할 수 있다. 가령, 앞에서 말했듯이, 오행이 東, 南, 西, 北, 中의 다섯 방향을 대표할 수 있다. 오행이 또 계절을 대표할 수 있다. 봄은 초목이 생장하기 시작하는 때이므로 木에 속한다. 여름은 날씨가 매우 더워서 火에 속한다. 가을은 황금빛 수확의 계절이므로 金에 속한다. 겨울은 날씨가 어둡고 춥기

오행의 상생과 상극 그림

때문에 水에 속한다. 그리고 모든 계절의 마지막 한 달은 土에 속한다.

오행 사이에 상생相生이나 상극相克의 관계가 있다. 쇠붙이를 써서 만든 도구로 지하의 물을 파낼 수 있으므로 "金生水"(金이 水를 낳는다)이다. 수목이 생장하려면 물이 필요하므로 "水生木"(水가 木을 낳는다)이다. 나무로 불을 붙일 수 있으므로 "木生火"(木이 火를 낳는다)이다. 불로 흙을 구워 도기나 기와를 만들 수 있으므로 "火生土"(火가 土를 낳는다)이다. 금속의 매장광물은 지하에 매장되어 있는 것이므로 "土生金"(土가 金을 낳는다)이다. 이것이 '상생'이다. 금속의 도끼로 나무를 자를 수 있으므로 "金克木"(金이 木을 이긴다)이다. 나무의 생장은 흙속의 영양분을 흡수해야 하므로 "木克土"(木이 土를 이긴다)이다. 흙은 물의 흐름을 막을 수 있으므로 "土克水"(土가 水를 이긴다)이다. 물은 불을 끌 수 있으므로 "水克火"(水가 火를 이긴다)이다. 불은 금속을 녹일 수 있으므로 "火克金"(火가 金을 이긴다)이다. 이것이 '상극'이다.

고대의 사람들은 일체의 모든 사물을 오행을 써서 나타낼 수 있다면 사물 사이의 관계 또한 상생이나 상극으로 해석할 수 있다고 생각하였다. 따라서 모든 것을 오행으로 해석할 수 있다. 중국의 전통의학은 오행 사상으로부터 발전해온 것이다.

중국에는 '五'와 관련된 단어가 많이 있다. 가령, 앞에서 말했던 것처럼 산에는 '오악五嶽'이 있고 사람에게는 '오관五官'이 있다. 또 양식에 다섯 가지가 있어서 '오곡五穀'이라고 부르며, 맛에 다섯 가지가 있어서 '오미五味'라고 부르고, 소리에 다섯 가지가 있어서 '오음五音'이라고 부른다. 이러한 오악, 오관, 오곡, 오미, 오음은 모두 오행의 성질을 갖고 있다.

六 (여섯 륙)

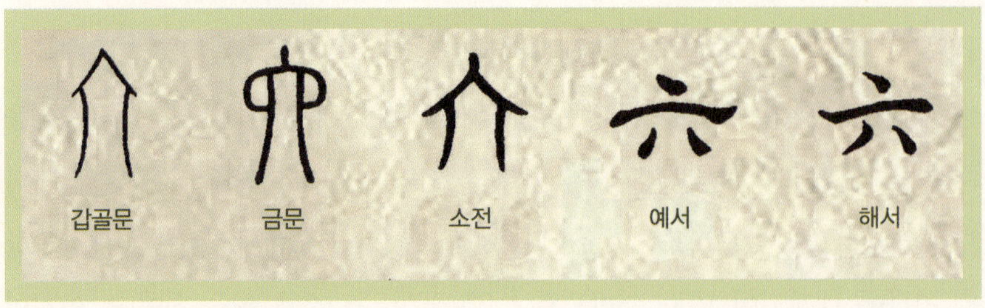

　‘六’은 원래 ‘介’라고 썼는데, 본래는 ‘出入’을 말할 때의 ‘入’자이다. 고대의 ‘入’자는 발음이 숫자인 ‘6’과 같아서 이 글자를 가져다가 숫자를 나타내게 되었다. 중국문화에서 ‘六’과 관련이 있는 사물이 많다. 가령, 東, 西, 南, 北, 上, 下를 ‘육합六合’이라 하는데, 이것이 모든 방위를 나타낸다. 사람에게 여섯 가지 욕망이 있는데, 그것은 시각에 의한 보는 욕구, 청각에 의한 듣는 욕구, 취각에 의한 냄새를 맡는 욕구, 미각에 의한 맛보는 욕구, 촉각에 의한 만지는 욕구, 그리고 생각하는 욕구인데 이를 ‘육욕六欲’이라 한다. 이에 따라 입으로 먹고, 혀로 맛보고, 눈으로 보고 귀로 듣고 코로 냄새를 맡는다. 다시 예를 들어보자. 옛날 사람들은 천간天干과 지간支干으로 시간을 계산하였다. 천간에는 10개의 글자가 있고 지간에는 12개의 글자가 있다. 이를 통해 모두 60가지의 배합이 나오는데, 천간의 ‘甲’자는 여섯 차례 중복해서 나올 수 있다. 따라서 이렇게 시간을 따지는 방법을 ‘육갑六甲’이라고 한다. 여섯 개의 ‘甲’자를 갖고 있는 날짜에 하늘은 만물을 창조하였다. 그래서 중국어에서 부녀자가 임신한 것을 “身懷六甲”(shēn huái liùjiǎ)이라고도 하는데, 이는 생명을 낳아 기르다는 뜻을 갖는다.

七 (일곱 칠)

'七'자는 원래 '十'이라고 쓰는데, 이것은 '十'자는 아니며 두 물체를 절단한 모양이다. '十'은 원래 '切'(끊을 절)자인데, 고대의 독음이 숫자 '7'과 비슷했기 때문에 이것을 써서 숫자를 나타내게 되었다.

중국문화에서 '七'과 관련이 있는 개념이 많다. 사람의 두 눈과 두 귀, 입과 코는 일곱 개의 구멍이라는 뜻으로 '칠규七竅'라고 한다. 불교에서는 사람에게 기쁨喜, 노여움怒, 근심憂, 생각思, 슬퍼함悲, 두려움恐, 놀라움驚의 일곱 가지 감정이 있다고 하는데, 이를 칠정七情35이라고 한다. '칠정'과 앞에서 말한 '육욕'을 합하여 '칠정육욕七情六欲'이라고 하여 보통 사람의 감정과 욕망을 나타낸다.

八 (여덟 팔)

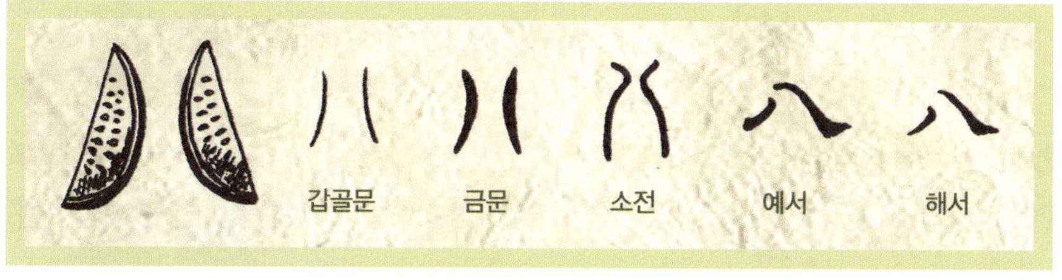

---

35 칠정(七情)은 인간에게 있는 가장 기본적인 일곱 가지 정을 말하는데 일곱 가지가 무엇인지에 대해서는 견해가 엇갈린다. 유학에서는 희노애락애오욕(喜怒哀樂愛惡欲)이나 희노애구애오욕(喜怒哀懼愛惡欲)을 말하고, 불교에서는 희노우구애증욕(喜怒憂懼愛憎欲)을 말한다. 또 한의학 등에서는 노희사우비공경(怒喜思憂悲恐驚)을 말하는데, 이 책은 마지막 견해를 따르고 있다.

'八'자의 필획은 양쪽으로 나뉘어져 있어서 사물을 나눈 모양을 본뜬 것으로, 원래는 '分'(나눌 분)자이다. 고대의 독음이 서로 비슷하여 후에 사람들이 '八'자를 써서 숫자를 나타냈다. 사실 편방으로 '八'자를 쓰고 있는 많은 글자는 모두 '分'의 뜻이다. 가령, '分'자가 사물을 칼로 나눈다는 것을 나타내며, '公'(공변될 공)이 사물을 나눌 때 공평해야함을 나타낸다. 중국인은 '八'을 매우 좋아한다. 전화번호나 자동차 번호판에 '八'이 있는 것을 좋아한다. 사람들이 결혼할 때에도 '八'이 들어간 날짜를 선호한다. 북경올림픽이 2008년 8월 8일 저녁 8시 개막하였다. 이것은 무엇 때문인가? 원래 한자 '八'의 독음이 '發'(쏠 발)과 매우 비슷하다. '發'에는 '發財'(돈을 벌다)의 뜻이 있다. 그래서 사람들이 '八'을 좋아하게 되었다.

九 (아홉 구)

'九'는 본래 '九'라고 썼는데, 사람의 팔을 본뜬 것이다. 이 글자는 본래 '肘'(팔꿈치 주)자이다. 옛날 독음이 숫자 '9'와 비슷했기 때문에 이 글자를 써서 숫자를 나타내게 되었다. 앞에서 말한 것처럼, 一, 三, 五, 七, 九가 '양陽'을 나타낸다. '七'이 '양'의 왕성함을 나타낸다. 그렇다면 '九'는 어떠한가? '九'가 '양'의 숫자 중에서 제일 큰 수인데, 이보다 더 큰 수라도 소수점 이하의 수가 '九'를 넘을 수는 없다. 이렇게 '九'를 하늘을 상징하는 것으로 여겨졌다. 전설에 따르면, 하늘이 모두 아홉 층으로 되어 있어서 '구중천九重天'

이라고 부른다. '九'를 제왕과 관련하여 해석하여 천자가 더 높은 사람이 없는 지고무상至高無上한 존재임을 상징한다. 이 때문에 중국에는 아홉 마리 용을 그려놓은 구룡벽九龍壁이 여러 곳에 있다. 중국어에서 '九'는 동일한 발음의 '久'(오랠 구)로 쓰일 수 있어서 '영구하

구룡벽(九龍壁)

다, 영원하다'는 뜻이 된다. 그래서 사람들이 '九'자를 써서 하늘과 땅은 영원히 변함이 없다는 뜻인 '천장지구天長地久'를 나타낸다.

十(열 십)

'十'은 원래 '│'로 썼다. 앞서 말한 것처럼 고대인들은 새끼줄을 묶는 방법으로 숫자를 기록했는데, 금문의 자형 '│'이 새끼줄의 모양을 본뜬 것이다. 모두 열 개의 숫자 중 가장 큰 것이 '十'이다 그래서 '十'이 모든 것의 최고를 상징한다. 중국어에 '十'과 관련된 단어가 많이 있다. 가령, '十足'(충분하다), '十分'(대단히), '十全十美'(완전무결하다) 등이 그 예인데, 모두 '최고'라는 뜻을 갖고 있다.

앞에서 우리는 한자에 쓰인 열 가지 숫자를 살펴보았다. 이러한 숫자는 비
록 간단하지만 중국문화 속에서 특별한 의미를 갖고 있다. 수천 년 동안 중
국인은 내내 자기만의 방식으로 관찰하고 생각하고 상상했다. 한자는 이처럼
우리에게 과거의 사람들이 어떻게 세계를 인식했는지를 알려주고 있다.

제 9 장

한자와 예술

한자는 수천 년의 발전 과정에서 서예와 전각 예술 등을 만들어냈다. 정교하고 아름다운 서예작품과 인장(印章) 등은 어떻게 창조되어 온 것인가?

1 문방사우(文房四友)

서예작품은 서화가들이 筆(붓 필), 墨(먹 묵), 紙(종이 지), 硯(벼루 연)이라는 문방사우를 이용하여 글씨를 써서 만든 것이다.

'筆'의 소전체 자형(𦐇)은 짐승의 털을 대나무 막대에 넣어서 만든 붓을 한 손으로 들고 있는 형상을 본뜬 것이다.

붓은 늦어도 상나라 때에 이미 있었다. 어떤 갑골에는 붓으로 써넣은 붉은색 부호가 보존되어 있다. 현존하는 가장 오래된 붓은 1954년 중국 호남성 장사長沙의 좌가공산左家公山의 전국시대 분묘에서 출토된 것인데, 붓이 작은 대나무 통 안에 함께 들어있었다. 대나무로 된 붓자루는 길이가 18.5cm, 지름이 0.4cm이고 붓의 털이 토끼털이며 털의 길이가 2.5cm이다.

붓

중국에서 가장 좋은 붓은 선필宣筆과 호필湖筆이다. 안후이성安徽省 선주宣州의 경현涇縣에서 생산되는 붓은 송나라 때의 유명한 시인 구양수歐陽修에 의해 "軟硬適人手, 百管不差一."이라는 칭찬을 들었다. 이 말은, 붓이 너무 부드럽거나 딱딱하지 않아 사람이 손으로 잡기에 매우 적합하고 백 개의 붓 중에 질이 떨어지는 것이 하나도 없다는 뜻이다. 당시 이 붓은 "천금을 주고 사려해도 시장에는 없었다.(千金求買市中無.)"고 한다. 저쟝성浙江省 호주시湖州市에서 생산되는 호필은 외국에서 더욱 유명하다.

'墨'(먹)은 글씨를 쓰거나 그림을 그릴 때 쓰는 검은색 안료이다. '墨'은

'墨'의 소전체 자형이다. '墨'은 회의자로, '黑'과 '土'로 구성된다. 빛깔과 광택이 밝고 윤기가 흐르며, 재질이 부드러우며, 고색이 창연한 먹은 서예가들의 필수품이다. 현재 안후이성 흡현歙縣 등의 지역에서 만든 '휘묵徽墨'이 이름을 떨치고 있다.

제지술은 고대 중국의 사대 발명 중의 하나이다. 종이가 발명되기 전에 글씨를 쓰는 재료로 갑골이나 청동기, 죽간, 견직물, 비단 등이 있었다. '紙'(종이 지)자의 편방은 '糸'인데, 이것은 종이가 실과 관련이 있음을 설명해준다. '紙'는 본래 실을 빨 때 도구의 밑바닥에 남는 솜 모양의 물질인데, 한나라 때 사람들이 삼, 어망, 나무껍질, 헤진 천조각 등을 원료로 하여 종이를 만들기 시작했다.

채륜

동한(25~220년) 때 채륜蔡倫이 제지술을 개선하여 만들어낸 종이는 가볍고 얇으며 깨끗해서 '채후의 종이蔡侯紙'라고 불렸다. 저렴한 종이가 나오면서 글씨를 쓰는 것이 더욱 편리해졌다. 종이의 종류에는 여러 가지가 있는데, 그 중에 가장 좋은 것이 선지宣紙로, 중국 안후이성 선주의 경현에서 생산된다. 선지의 품질은 순백색으로 곱고, 부드러우면서도 질기고 견고하며, 광채가 나지만 미끄럽지 않고, 빛이 통하면서도 빛깔과 광택이 변하지 않을 뿐만 아니라, 오래 보관해도 부패하지 않고 여러 번 접어도 손상되지 않으며 노화에 강하고 벌레나 좀을 방지해준다. 이 때문에 '천년의 수명을 가진 종이'라는 칭찬을 받고 있다.

'硯'이 '硯'(벼루 연)의 소전체 자형이다. '硯'자는 '石'을 편방으로 하며 출현시기가 늦은 편이다. 이것은 돌로 된 먹을 가는 도구이다.

붓, 먹, 종이, 벼루는 '문방사우'라고 불린다. 사람들이 이것으로 아름다운 한자를 써내고 독특한 풍격의 서예 예술을 창조해내었다.

문방사우

중국의 서예는 역사가 오래되었고 글씨체도 다양한데, 대체로 전서篆書, 예서隷書, 초서草書, 행서行書, 해서楷書로 나눌 수 있다.

전서는 전각篆刻에 많이 쓰이는데, 이는 뒤에서 언급하게 될 것이다.

예서라는 새로운 글씨체는 진한 시대 한자 자형의 변화 과정에서 한자 필획의 구조가 점차 전서의 선형구조를 대신하면서 형성된 것인데, 한자는 이 예서로부터 비로소 뚜렷한 필획을 갖게 되었다.

예서는 정막程邈이 창조한 것이라 전해진다. 그는 진시황에게 죄를 지어 구금되었을 때, 감옥에서 예서를 창작하였다. 당시에 공무가 매우 많았는데 전서로 글씨를 쓰기에 속도가 너무 느렸기 때문에 예서가 광범위하게 사용되었다. 이것은 감옥에서 복역 중인 사람인 도예徒隷들이 사용한 글씨체이기 때문에 '隷書'라고 불렀다.

한나라 때(B.C.206~220)의 예서는 성숙한 단계의 예서로 지금의 예서라는 뜻의 '금예今隷'라고 부른다. 이 이전에 옛날의 예서라는 뜻의 고예古隷가 있었는데 이는 또 진나라의 예서라는 뜻의 진예秦隷라고도 부른다.

고예체는 방형이며 고풍스러운 특

한나라의 예서인 장천비(張遷碑)

징을 갖고 있다. 금예체는 횡으로는 평평하고 수직으로 곧으며, 잠두蠶豆(누에머리 모양)와 연미燕尾(제비 꼬리 모양)를 갖추었으며 가로획을 쓸 때 필세가 세 번 꺾인 듯 구불구불하며, 좌우가 대칭을 이루고 있다.

붓을 댈 곳에서 아래로 내려쓰면서 잠시 멈추는 듯한 형세가 마치 가득 배가 부른 '누에의 머리' 모양을 하고 있고, 붓을 거두어들일 곳에서 위로 치켜드는 모양이 마치 '제비의 꼬리'를 닮았다. 많은 비석에는 한나라 예서체를 보존하고 있다. 오른쪽은 유명한 <조전비曹全碑>이다.

조전비

한나라 예서의 기초 위에서 형성된 해서는 위진남북조 때(220~589) 유행하여 수당시기(581~907) 때 완전히 성숙한 단계에 접어들어 지금까지 쓰이고 있다.

해서의 '楷'자에는 '모범'이라는 뜻이 있는데, 해서의 법도는 근엄하다. 해서는 한나라와 위나라의 교체기에 형성되었고, 남북조시대는 해서가 본격적으로 응용되던 시기로 해서에서 완정한 한자의 필획 형태가 형성되었다, 해서는 이때부터 역대로 정식으로 사용되는 규범문자가 되었다.

삼국시기(220~280) 위魏나라의 종요鍾繇는 해서의 시조라고 부르며, 당나라 때(618~907)에 와서 해서가 성행하였다. 안진경顏眞卿, 유공권柳公權, 구양순歐陽詢, 조맹부趙孟頫 네 사람을 '해서사대가'라고 부른다. 그들의 서예에는 각각의 풍격을 갖추고 있다.

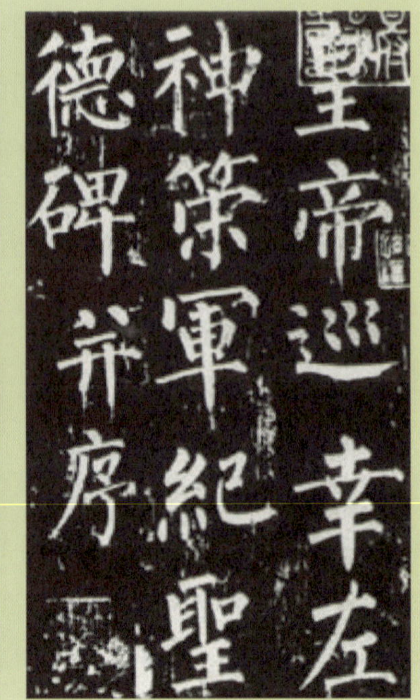

안진경체 다보탑비(多寶塔碑)　　　　유공권체 신책군비(神策軍碑)

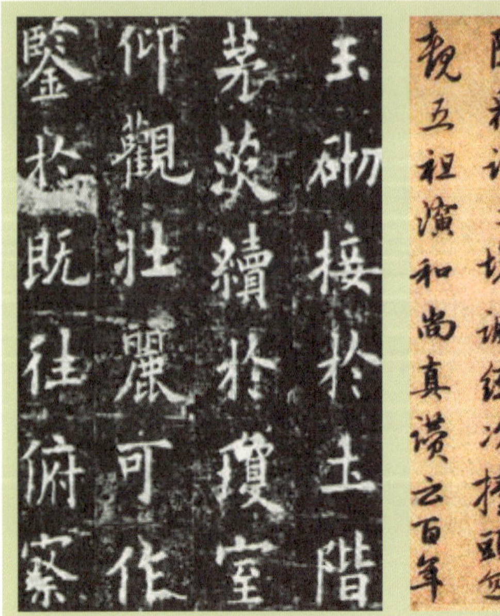

구양순체 구성궁예천명(九成宮醴泉銘)　　　　조맹부체 고봉화상행장(高峰和尙行狀)

한자의 발전 과정에서 주목할 만한 서체로 한나라 때 일어난 초서체가 있다. 초서는 글을 거칠고 매우 빠르게 쓰는 서체이다. 이것은 예서를 대충 쓰는 방법을 기초로 하여 성숙된 것이다. 한나라 때의 초서는 초창기 단계의 초서로 장초章草라고 부른다. 이는 장법章法이라고 부르는 규칙이 많았기 때문인데, 혹자는 이 서체를 항상 군주에게 올리는 상주문인 주장奏章에 썼기 때문이라고도 하며, 또 혹자는 한나라의 장제章帝가 좋아했기 때문이라고도 한다.

동진東晉 때(317~420) 일어난 새로운 초서를 금초今草라고 부른다. 금초는 글자와 글자 사이의 필획이 이어져있어 전체 서예작품이 흡사 한 획으로 쓴 것 같다. 그래서 단숨에 문장을 써내되 우연히 이어지지 않은 곳이 있어도 혈맥이 끊어지지 않은 듯하였다.

초서는 당나라 때가 되어 예술성을 가진 서체인 광초狂草로 발전하였다. 중국 당나라 때의 승려인 회소懷素는 어린 시절 집안이 궁핍하여 종이를 살 돈이 없어서 메마른 파초의 잎에 글씨를 썼다고 한다. 그는 출가하여 승려가 된 후 술을 좋아하여 항상 술을 마신 후에 날렵하게 글을 썼다고 하는데, 이 사람이 광초의 대표적 인물이다.

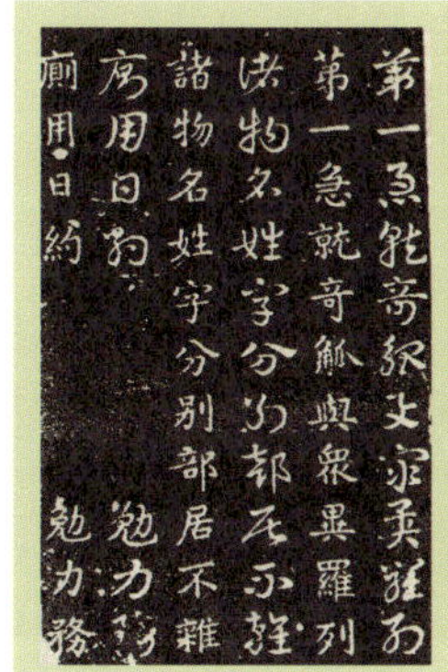

장초 : 급취편(急就篇)

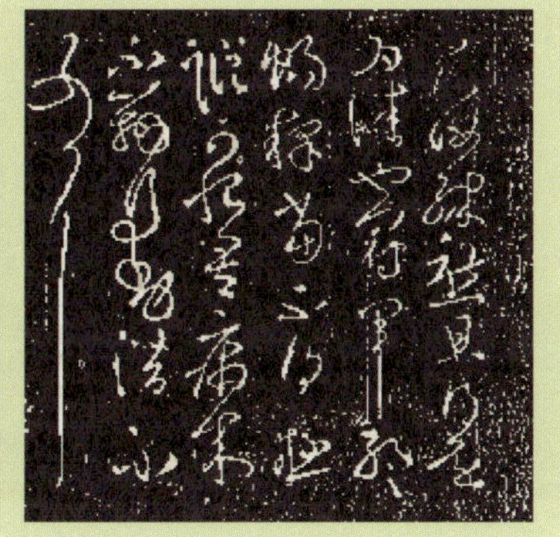

장지(張芝)의 금초

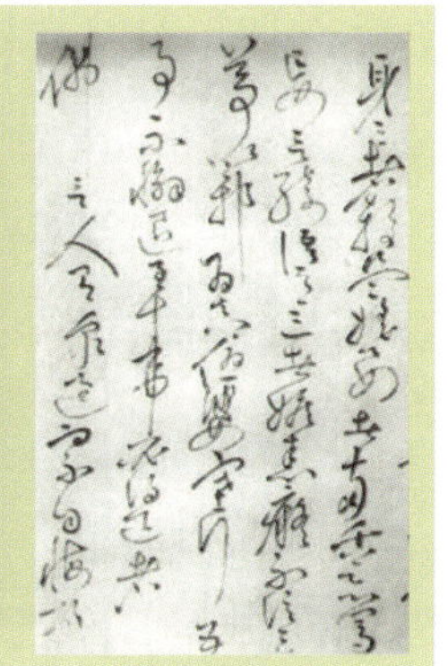

회소의 광초

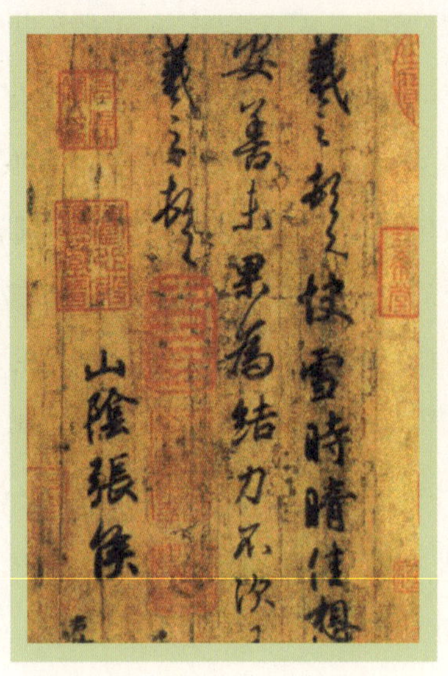

동한 말기에 새로운 서체가 출현하였는데, 그것은 엄격한 규칙은 없지만 세밀하고 깔끔하게 써서 해서에 가까운 것이었다. 이를 진행眞行 혹은 '행해行楷'라고 부른다. 또 조금 자유롭게 써서 초서의 느낌이 더 강한 것은 '행초行草'라고 부른다. 행서는 해서에 비해 빨리 쓰지만 초서처럼 다른 사람이 알아볼 수 없게 흘려 쓰는 것이 아니어서 사람들이 이 서체를 사용하기 좋아하였다. 중국인들이 평상시 수업 중 필기를 할 때나 친구에게 편지를 쓸 때, 혹은 숙제를 할 때에는 일반적으로 행서를 쓴다.

위 그림은 '천하제일의 법첩法帖'이라 칭해지는 ≪쾌설시청첩快雪時晴帖≫인데, 동진東晋 때 왕희지王羲之의 행서 작품이다. 왕희지는 예서, 해서, 초서, 행서 등 각 서체에 정통하고 많은 사람의 장점을 두루 취하여 독자적인 경지를 열었다. 이 때문에 세상에서는 왕희지를 서예의 성인인 '서성書聖'이라고 불렀다. 전하는 말로는, 어느 날 왕희지가 시장에서 어떤 노파가 부채를 파는데 아무도 사지 않는 것을 보았다. 그래서 그는 모든 부채에 글자를 써주었다. 그 결과 사람들이 부채를 매우 빨리 모두 사갔다고 한다.

당나라 때의 장회관張懷瓘은 서예예술과 관련된 <서단書斷>이라는 글을 쓴 적이 있다. 그는 이 글에서 서로 다른 서체의 특징을 다음과 같이 기술하였다. "眞書는 우뚝 서있는 것 같고, 행서는 길을 가는 것 같고, 초서는 달려가는 것 같다.(眞書如立, 行書如行, 草書如走.)" 이 글 속의 '眞書'는 해서를 말하는데, 구체적인 글자의 예를 살펴보도록 하자.

'人', 이것은 편안하게 서 있는 사람이다

'人', 이것은 걷는 사람이다.

'⼂', 이것은 달려가는 사람이다.

이 세 글자는 모두 '人'자인데, 첫 번째는 해서이고, 두 번째는 행서이며, 세 번째는 초서이다.

춘추전국시대에 또 다른 예술서체가 있었는데, 그것은 조충서鳥蟲書이다. 사람들이 상용하는 자형 위에 새의 머리나 새의 발톱, 벌레 형상 등을 더하는 방식으로 한자를 아름답게 변화시켰다. 이러한 미술글자는 항상 사람들이 차고 다니는 검이나 칼 등의 청동기 위에 보인다.

한자에서 서예 예술이 만들어졌을 뿐만 아니라 정교한 전각 예술도 나왔다.

한자가 한나라 때가 되면 소전은 일상적으로 사용하는 것에서는 예서로 대체되어 더욱 예술 영역으로 들어가게 되었다. 이에 따라 서예나 전각을 좋아하는 사람들이 연습하는 글자체가 되었다. 소전의 부드러우면서 유창하며 균형 잡히고 단아한 조형미는 감상한 만한 가치가 매우 크다.

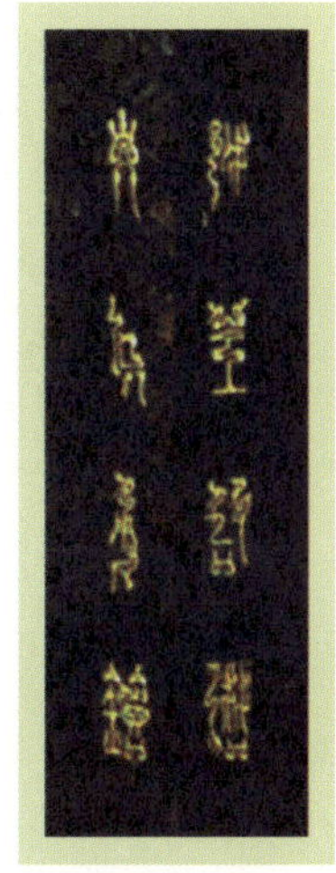

월(越)나라 왕 구천(勾踐)의 검에 있는 문자

전각은 서예, 경계선, 칼로 파는 기술을 중시한다. 사람들은 아주 작은 도장에 전각한 한자를 통해 지혜로 충만한 인생을 잘 표현해내고 있다.

오른쪽 그림은 2008년 북경올림픽의 휘장에 쓰인 '京'자이다. 이것은 중국 도장의 특색을 채용하여 세계 사람들에게 한자의 예술미를 느끼게 해주었다.

고대에 중국의 도장은 황제 권력의 상징이었는데, 지금은 이미 오래 전에 일반 백성들의 생활 속으로 들어갔다. 중국인에게 도장은 없어서는 안

북경올림픽 로고

되며, 도장 속의 간결한 몇 개의 한자가 사람들에게 무궁무진한 이야기를 전해준다.

작은 네모난 글자가 예술적인 아름다움과 한없는 지혜를 보여주고 있다.

황제의 옥새

제 10 장

한자의 확산

한자는 중국 민족의 언어를 기록할 뿐만 아니라 중국 이외의 지역에까지 전파되어 다른 민족의 찬란한 문화를 반영하여 점차 한자문화권을 형성하였다. 한자문화권에는 중국, 동북아시아, 동남아시아가 포함된다.

1 | 중국 소수민족 지역으로의 한자 전파

당나라 말기부터 한자는 북쪽으로 퍼져 거란, 여진, 서하 등의 소수민족들이 사용하기 시작했다. 한자의 영향 아래 이 소수민족들이 거란문자, 여진문자, 서하문자와 같은 자신만의 문자를 창제하였다.

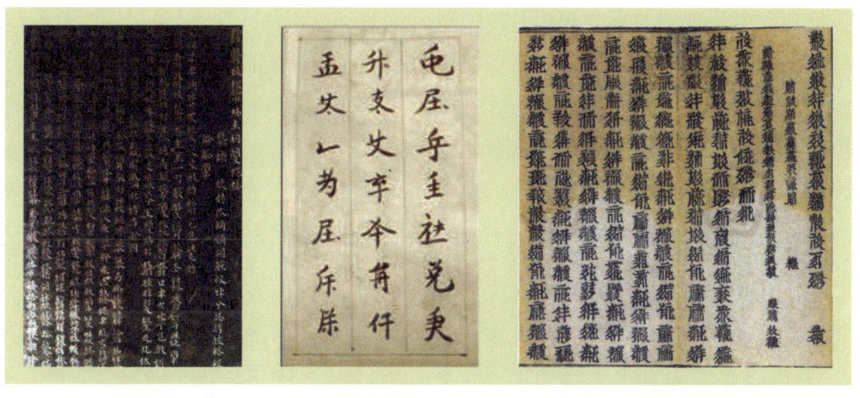

| 거란문자 | 여진문자 | 서하문자 |

기원 초기에 한자가 남쪽으로 퍼져 중국 남부의 장족莊族지구에 도달하였다. 장족은 처음 한자를 가지고 장족의 언어를 기록하였다. 후에 당나라 때 한족의 문화를 교육받은 장족의 지식인들이 한자나 한자의 편방을 빌어 옛 장족 문자를 창조하였다. 신중국이 성립된 이후인 1955년 12월 학자들이 장족언어 고유의 특징에 근거하여 장족 사람을 위한 병음문자를 제정하였고, 1957년 중국정부의 비준을 거쳐 공포되어 실시되었다. 병음으로 된 장족문자는 수정을 거쳐 아직까지 시용되고 있다.

한자는 중국 황하유역에서 동쪽으로 가서 한반도에 전파되었다. 기원전 11세기 상나라 때의 대신인 기자箕子가 한반도로 갔는데 이때 한자를 함께 가져갔다.

기원전 1세기 때 한반도 북부의 일부 지역에서 이미 한자를 사용하고 있었다. 동시에 한반도의 남부지방도 한자의 영향을 받았다. 한반도의 삼대 역사저서인 ≪삼국사기三國史記≫, ≪고려사高麗史≫, ≪조선왕조실록朝鮮王朝實錄≫은 모두 한자로 쓴 것이다.

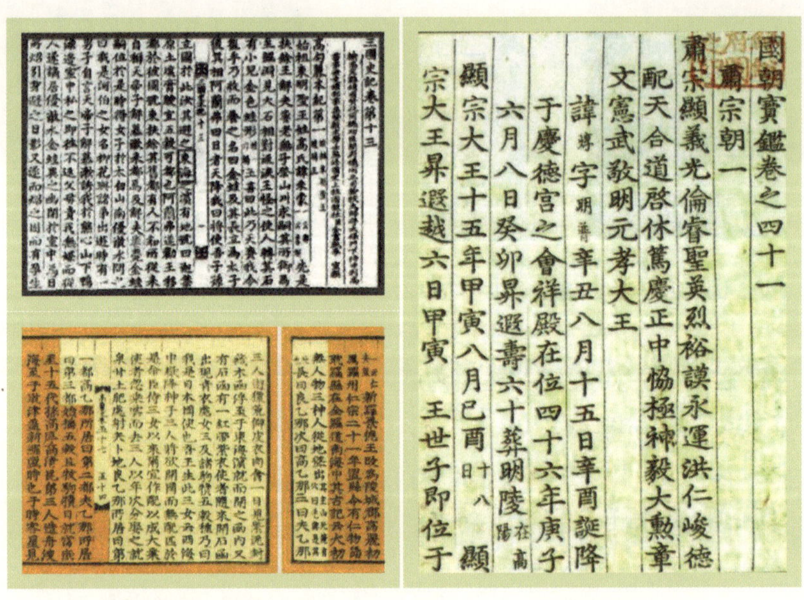

삼국사기(위) 고려사(아래)   국조보감

이밖에 조선에는 중국어를 공부하는 교과서가 있었다. 가령, 조선시대(1392~1910)에는 ≪노걸대老乞大≫와 ≪박통사朴通事≫라는 두 종의 교과서가 유행하였다. 이 책에 담긴 중국어의 언어적 특징에 근거해볼 때, 이 책은 중국의 원나라(1206~1368) 시기에 이루어진 것이다. 그 중 ≪노걸대老乞大≫는 전체의 분량이 2만자가 되지 않으며, 고려의 상인이 중국에 와서 장사한 것을 실마리로

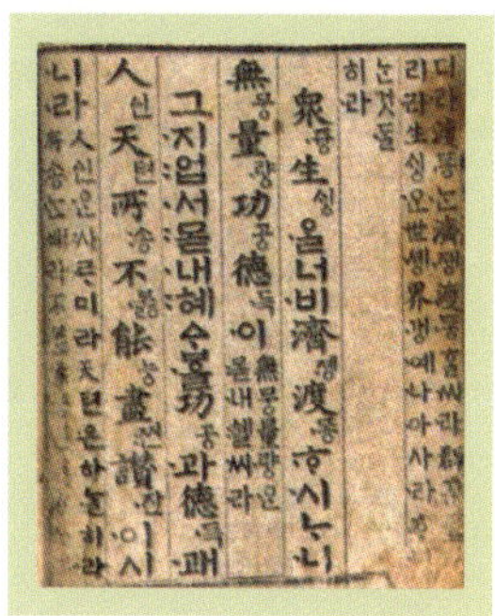

월인석보

삼아 대화형식으로 쓰고 있다. 그 내용은 길에서 보고 들은 것, 먹고 자는 것, 물건을 사고파는 것 등에 대한 것이며 중간에 연회를 베풀어 술을 마시며 노는 것이나 병을 치료하는 등의 단락을 삽입하였다.

그러나 중국어와 우리의 말은 서로 다른 특징이 있고 중국어를 기록하는 서사부호가 우리의 말을 기록하는 데에 적합하지 않는 면이 있어서, 여러 학자들의 노력을 거쳐 1446년 조선은 우리만의 문자를 창제하였다. 이것이 조선의 문자인데, 이를 '한글' 혹은 '언문'이라고 불렀다. 그 후 한글자모는 오랫동안 한자와 함께 사용되었다. 현재 우리나라의 광고판이나 안내판에는 여전히 한자를 사용하고 있는 것이 적지 않다.

한자는 한반도에서 계속 동쪽으로 나아가 바다를 건너 일본으로 전해졌다.

중국과 일본은 이웃나라여서 일찍부터 교류가 시작되었는데, 1세기에 한자가 일본으로 전해지기 시작했다.

오른쪽 그림은 1784년 일본에서 출토된 중국 한나라(B.C.206~220) 때의 금도장이다.

이밖에 일본에서는 글자가 새겨진 한나라 때의 문물이 적지 않게 출토되었다. 가령 한나라 때의 동전이나 큰 칼 등이 그것이다. 이 문물에 있는 글자는 이른 시기에 한자가 일본으로 유입되었다는 것을 알려준다.

일본 출토 금도장

중국 왕망(王莽) 시기의 화폐

이후 중국과 일본 두 나라는 서로 사신을 보냈는데, 일본에 대한 중국의 영향이 갈수록 커졌다. 일본에 남아있는 가장 이른 시기의 역사서인 ≪일본서기日本書紀≫에 근거해볼 때, 오진應神 천황 15년(284년) 일본의 상류층이 이미 한문을 배우기 시작했다. 이는 늦어도 3세기 때에 한자가 일본으로 대량 유입되었음을 말해준다.

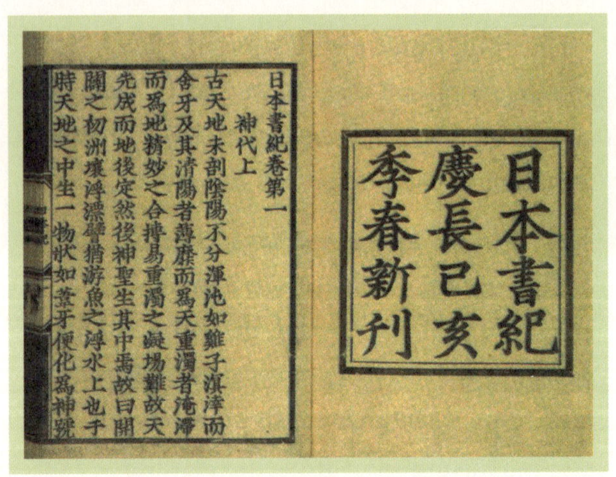

일본서기

수당시기(대략 6세기 후반~10세기 초)에 일본은 많은 사신을 중국에 보내 체계적으로 중국어와 중국의 문화를 학습하게 된다. 일본에서 한자로 공문을 썼고 역사를 기록했으며 많은 뛰어난 문학작품을 썼다. 한자는 또한 일본 정부의 공식 문자가 되었다.

 중국문화와 한자, 두 마리 토끼를 잡아라

마찬가지로 중국어와 일본어는 완전히 다른 언어이기 때문에 한자가 일본어를 기록하는 데에 적합지 않았다. 이 때문에 일본인은 한자를 기초로 하여 한자의 편방과 초서로부터 일본의 가나假名를 만들어 한자와 함께 사용하였다. 처음 가나는 한자를 빌어 발음을 기록하는 도구로 삼아 만요가나萬葉假名를 만들었다. 만요가나는 히라가나와 가타가나가 만들어지기 전, 일본어가 한자의 독음과 뜻을 기록하면서 차용했던 문

만요슈

자이다. 일본에서 가장 오래된 시가집 ≪만요슈萬葉集≫는 만요가나를 사용한 유명한 예이다.

약 8세기부터 9세기 전후로 일본의 승려들이 불경을 기록하고 번역하기 편하도록 한자의 편방을 써서 가타가나를 만들었다. 이후 다시 한자의 초서체 자형을 이용하여 히라가나를 만들었다. 지금 일본사람들은 여전히 한자와 히라가나, 가타가나를 함께 사용하여 일본어를 기록한다.

오늘날 한자는 일본에서 일본문화의 중요한 한 부분으로 작용하면서 사람들의 일상생활 속에 자리 잡고 있다.

일본의 거리 풍경

베트남은 중국의 남쪽에 있는 이웃나라로 중국과의 교류는 그 역사가 오래되었다. 기원 전후로 한자가 베트남에 전해졌고 이후 베트남은 정부의 공식 교류나 문화교육, 경제무역 등에서 모두 한자를 사용하였다. 베트남의 지식인은 한자를 사용하여 많은 우수한 작품을 남겼다. 당나라(618~907) 때 베트남에서 많은 사신들이 중국으로 가서 중국의 문화를 학습했다. 베트남 역사상 19세기 말까지 한자가 줄곧 베트남 관청의 정식문자였으며, 20세기 초까지 한자는 베트남 학교에서 학습하고 사용하는 가장 중요한 문자였다. 또한 한자가 베트남에서 인재를 선발하는 시험에서 사용되는 유일한 문자였고 동시에 베트남 문학창작에서 가장 많이 사용된 문자이다.

다만 한자는 베트남의 말을 기록하는 데에 적합하지 않아서 문자와 구두어가 분리되어 지극히 불편하였다. 그래서 약 11세기 전후로 베트남 사람들은 한자의 자형을 빌리고 형성과 회의, 가차 등의 조자방법을 운용하여 새로운 문자인 '츄놈字喃'을 만들었다.

츄놈

1885년 프랑스가 베트남에서 라틴어병음문자를 보급하기 시작했고, 1945년 이후 베트남에서 병음문자가 정식문자로 되면서 이후에는 한자의 사용이 완전히 없어지게 되었다.

한자의 역사를 두루 살펴보면, 한자는 중국의 한민족 사람들만 사용하던 서면어로 된 교제 도구가 아니며 많은 다른 소수민족의 언어문자 생활 속에서도 중요한 작용을 하였다. 가령 묘족苗族, 장족莊族, 회족回族, 만주족滿洲族, 백족白族, 납서족納西族 등이 이 예에 속한다. 이밖에 한자는 동북아시아와 동남아시아에 전해져서 이 지역의 역사와 문화를 반영하고 있다.

21세기에 들어서 중국 경제의 발전에 따라 세계에서 중국어를 학습하는

사람들이 갈수록 많아지고 있고, 많은 국가에서 중국어 수업을 개설하였다. 미국은 2003년 AP[36] 중국어 교과목을 시행했고, 오스트레일리아는 "아시아로 나아가자"(Face Asia)라는 정책을 실시하였다.

동서양 문화의 교류를 증진시키기 위해 중국은 2009년 8월 기준으로 이미 80여개 국가에 300여 곳의 공자학원(Confucius Institute)을 개설하여 그 지역 학습자들이 중국어를 학습하고 중국을 이해하는 일을 돕고 있다.

중국어를 학습하고, 한자를 써보고 중국을 이해하자.

---

[36] AP(Advanced Placement)는 우수한 고등학생이 대학에서 개설한 것과 같은 수주의 교과목을 고등학교에서 수강하고 대학의 학점을 미리 받는 미국의 제도이다.

司馬遷(西漢), 《史記》, 北京, 中華書局.

許愼(東漢), 《說文解字》, 江蘇, 江蘇古籍出版社.

姜澄淸(1994), 《中國書法思想史》, 河南美術出版社.

啓　功(1999), 《古代字體論稿》, 北京, 文物出版社.

＿＿＿＿(2004), 《啓功論稿－論藝卷》, 北京, 中華書局.

高景成(1986), 《中國的漢字》, 北京, 人民出版社.

顧偉列(2005), 《中國文化通論》, 上海, 上海華東師範大學出版社.

關英偉(2002), ＜漢字在韓國＞, 《華文敎育》 第2期.

裘錫圭(1988), 《文字學槪要》, 北京, 商務印書館.

金開誠・王岳川(1995), 《書法文化大觀》, 北京, 北京大學出版社.

唐　蘭(1979), 《中國文字學》, 上海, 上海古籍出版社.

董　琨(1998), 《中國漢字源流》, 北京, 商務印書館.

盧輔聖(2001), 《中國書畫全書》, 上海, 上海書畫出版社.

傅東華(1984), 《漢語知識講話-漢字》, 上海, 上海敎育出版社.

徐利明(1997), 《中國書法風格史》, 河南, 河南美術出版社.

蘇培成(2001), 《現代漢字學綱要》(修訂版), 北京, 北京大學出版社.

宋原放(2004), 《中國出版史料・古代部分》, 湖北, 湖北敎育出版社.

玉　峰(2003), 《從漢字到漢字系文字：漢字文化圈文字硏究》, 民族出版社.

沃興華(2001), 《中國書法史》, 上海, 上海古籍出版社.

于省吾(1999), 《甲骨文字詁林》, 北京, 中華書局.

陸錫興(2002), 《漢字傳播史》, 語文出版社.

李　慶(2004), 《日本漢學史》, 上海, 上海外語敎育出版社.

李樂毅(2005), 《漢字演變五百例》(修訂版), 北京, 北京語言大學出版社.

李孝定(1997), 《漢字史話》, 聯經出版事業公司.

＿＿＿＿(1986), 《漢字的起源與演變論叢》, 聯經出版事業公司.

日本內閣(1981), 內閣告示・內閣訓令：《常用漢字表》(附人名用漢字),

井上廣貞 等(1981), 《要說日本史》, 山川出版社.

趙麗明(2004), ≪漢字傳播與中越文化交流≫, 國際文化出版公司.

朱仁夫(1992), ≪中國古代書法史≫, 北京, 北京大學出版社.

眞田但馬·瀛生(譯) (1998), ≪中國書法史≫, 北京, 人民美術出版社.

詹鄞鑫(1991), ≪漢字說略≫, 沈陽, 遼寧教育出版社.

沈尹默(2004), ≪書法論≫, 上海, 上海書畫出版社.

＿＿＿(2006), ≪書法漫談≫, 北京, 中華書局.

何九盈,胡雙寶,張猛(1995), ≪中國漢字文化大觀≫, 北京, 北京大學出版社.

韓鑒堂(2005), ≪漢字文化圖說≫, 北京, 北京語言大學出版社.

漢語大字典編輯委員會(1988), ≪漢語大字典≫, 成都, 四川辭書出版社.

黃　簡(1979), ≪歷代書法論文選≫, 上海, 上海書畫出版社.

侯開嘉(2003), ≪中國書法史新論≫, 上海, 上海古籍出版社.

부록

1 교육용 기초한자 1,800자

2 교육용 기초한자 1,800자 중 한국과 현대 중국 간화자 자형이 다른 것(685자)

3 교육용 기초한자 1,800자에는 없는 중국의 상용한자

1) 중국의 신HSK 초급 어휘(A1, A2)에 있는 한자(46자)

2) 중국의 신HSK 중급 어휘(B1, B2)에 있는 한자(150자)

　여기에는 한자 학습에 필요한 자료를 수록하였다. 이 자료는 한자 학습에도 필요할 뿐만 아니라 중국어 학습에도 중요하다는 측면에서 현대중국어에 쓰이는 한자를 고려하여 다음 세 가지 자료를 수록하였다.

　첫째는 우리나라 교육용 기초한자 1,800자이다. 중고등학교 교육과정을 통해 반드시 학습해야할 기초한자 1,800자의 음과 뜻을 수록하였는데, 이곳의 한자는 반드시 학습해두는 것이 좋을 것이다.

　둘째는 우리나라 교육용 기초한자 1,800자에 있는 한자 중에서 현대 중국에서 사용하는 간화자와 자형이 다른 것을 수록하였다. 중국어를 별도로 학습하지 않은 사람의 경우 여행이나 사업 등으로 중국에 처음 도착하면 우리와 자형이 다르다는 점 때문에 곤란을 겪는 경우가 있다. 중국에서는 상용한자로 2,500자를 정하였는데, 우리나라의 기초한자와 중복되는 것이 많기 때문에 이곳의 1,800자를 학습한다면 중국의 상용한자를 상당히 많이 학습한 것이 된다. 다만 자형의 차이 때문에 생기는 혼란을 줄이고자 한다면 이곳에 수록된 현대 중국에서 사용하는 자형을 우리나라에서 쓰는 자형과 비교하여 연습해두면 좋다.

　셋째는 우리나라 교육용 기초한자 1,800자에 없는 중국의 상용한자이다. 특히 여기서는 중국의 신HSK 초급과 중급 어휘에 보이는 한자를 수록하였다. 중국의 초급 어휘는 300단어이며, 중급 어휘는 900단어, 고급어휘는 3,800단어이다. 이 어휘에 쓰이는 한자 중 우리나라 교육용 기초한자 1,800자에 없는 한자는 초급의 경우 46자, 중급의 경우 150자, 고급의 경우 817자이다. 이 중 한자에 익숙한 초기 중국어 학습자를 위하여 초급과 중급에 보이는 196자를 수록하였다. 한자를 이미 학습했던 사람들은 여기에 나오는 글자를 학습해둔다면 이것만으로도 중국에서 사용하는 문자에 대해 매우 쉽고 편안하게 접근할 수 있을 것이다.

1 교육용 기초한자 1,800자

ㄱ

가]
佳 아름다울 가
假 거짓 가
價 값 가
加 더할 가
可 옳을 가
家 집 가
歌 노래 가
街 거리 가
架 시렁 가
暇 겨를 가

각]
脚 다리 각
角 뿔 각
各 각자 각
閣 누각 각
刻 새길 각
覺 깨달을 각
却 물리칠 각

간]
看 볼 간
間 사이 간
干 방패 간
刊 책펴낼 간
懇 간절할 간
簡 간략할 간
肝 간 간
姦 간사할 간
幹 줄기 간

갈]
渴 목마를 갈

감]
甘 달 감
敢 감히 감
減 덜 감
感 느낄 감
監 감독할 감
鑑 거울 감

갑]
甲 갑옷 갑

강]
強 강할 강
講 설명할 강
降 내릴 강
　 항복할 항
江 물 강
綱 벼리 강
鋼 강철 강
剛 굳셀 강
康 편안할 강

개]
皆 모두 개
個 낱 개
改 고칠 개
開 열 개
蓋 덮을 개
介 끼일 개
概 대개 개
慨 슬퍼할 개

객]
客 손 객

갱]
更 다시 갱
　 고칠 경

거]
擧 들 거
居 거처할 거
巨 클 거
去 갈 거
車 수레 거
　 성씨 차
拒 막을 거
據 의거할 거
距 떨어질 거

건]
乾 하늘 건
建 세울 건
健 건장할 건
件 사건 건

걸]
傑 뛰어날 걸

검]
檢 조사할 검
劍 칼 검
儉 검소할 검

격]
激 격동할 격
擊 칠 격
格 격식 격
乞 빌 걸
隔 사이 격

견]
犬 개 견
堅 굳셀 견
見 볼 견
　 나타날 현
肩 어깨 견
絹 비단 견
遣 보낼 견
牽 끌 견

결]
決 정할 결
結 맺을 결
潔 깨끗할 결
缺 부족할 결

겸]
謙 겸손할 겸
兼 겸할 겸

경]
敬 공경할 경

輕 가벼울 경
驚 놀랄 경
京 서울 경
經 다스릴 경
更 고칠 경
　다시 갱
慶 경사 경
耕 밭갈 경
景 볕 경
庚 나이 경
競 다툴 경
鏡 거울 경
頃 이랑 경
警 경계할 경
境 지경 경
徑 지름길 경
竟 마침내 경
硬 굳을 경
傾 기울 경
卿 벼슬 경

계]

計 셈할 계
界 지경 계
季 끝, 철 계
溪 시내 계
癸 천간 계
鷄 닭 계
繼 이을 계
械 기계 계
契 맺을 계
啓 열 계
階 섬돌 계
係 걸릴 계
戒 경계할 계

系 이을 계
桂 계수나무 계
繫 맬 계
契 새길 계
　나라이름 글(契丹)

고]

苦 괴로울 고
高 높을 고
古 옛 고
稿 원고 고
姑 시어미 고
孤 외로울 고
故 연고 고
告 알릴 고
固 굳을 고
考 살필 고
枯 마를 고
庫 창고 고
鼓 북 고
顧 돌아볼 고

곡]

穀 곡식 곡
曲 굽을 곡
谷 골 곡
哭 울 곡

곤]

坤 땅 곤
困 곤할 곤

골]

骨 뼈 골

공]

共 함께 공
公 공변될 공

工 장인 공
空 빌 공
功 공 공
攻 칠 공
恐 두려울 공
恭 공손할 공
孔 구멍 공
貢 바칠 공
供 이바지할 공

과]

果 과실 과
科 과거 과
課 부과할 과
過 지날 과
誇 자랑할 과
寡 적을 과

곽]

郭 성곽 곽

관]

關 빗장 관
觀 볼 관
官 벼슬 관
管 대롱 관
館 집 관
冠 갓 관
寬 너그러울 관
貫 꿸 관
慣 익숙할 관

광]

廣 넓을 광
光 빛 광
鑛 쇳돌 광
狂 미칠 광

괘]

掛 걸 괘

괴]

怪 괴이할 괴
愧 부끄러워할 괴
壞 무너질 괴
塊 흙덩이 괴

교]

校 학교 교
敎 가르칠 교
橋 다리 교
交 사귈 교
較 비교할 교
巧 공교할 교
郊 들 교
矯 바로잡을 교

구]

救 구원할 구
口 입 구
求 구할 구
九 아홉 구
舊 옛 구
句 글귀 구
久 오랠 구
究 궁구할 구
具 갖출 구
球 구슬 구
驅 몰 구
俱 함께 구
苟 진실로 구
丘 언덕 구
拘 거리낄 구
區 나눌 구
龜 거북 구(귀)
　터질 균

懼 두려워할 구
狗 개 구
構 얽을 구
국]
國 나라 국
菊 국화 국
局 판 국
군]
君 임금 군
軍 군사 군
郡 고을 군
群 무리 군
굴]
屈 굽을 굴
궁]
弓 활 궁
宮 집 궁
窮 궁할 궁
권]
勸 권할 권
權 권세 권
卷 책 권
拳 주먹 권
券 문서 권
궐]
厥 그 궐
궤]
軌 길 궤
귀]
歸 돌아올 귀
貴 귀할 귀
鬼 귀신 귀
龜 거북 귀(구)
　터질 균

규]
規 법 규
叫 부르짖을 규
糾 모을 규
균]
均 고를 균
菌 버섯 균
龜 거북 구(귀)
　터질 균
극]
極 다할 극
劇 연극 극
克 이길 극
근]
根 뿌리 근
勤 부지런할 근
近 가까울 근
僅 겨우 근
斤 근 근
謹 삼갈 근
글]
契 나라이름 글(契丹)
　새길 계
금]
禁 금할 금
今 이제 금
金 쇠 금
　성씨 김
琴 거문고 금
禽 날짐승 금
錦 비단 금
급]
及 미칠 급

給 줄 급
急 급할 급
級 등급 급
긍]
肯 즐길 긍
기]
起 일어날 기
氣 기운 기
幾 몇 기
旣 이미 기
己 몸 기
基 터 기
其 그 기
記 기록할 기
期 기약 기
技 재주 기
欺 속일 기
棄 버릴 기
忌 꺼릴 기
祈 빌 기
奇 기이할 기
騎 말탈 기
豈 어찌 기
紀 벼리 기
機 틀 기
旗 기 기
器 그릇 기
飢 주릴 기
畿 경기 기
企 꾀할 기
寄 부탁할 기
긴]
緊 요긴할 긴
길]

吉 길할 길
김]
金 성씨 김
　쇠 금

ㄴ

나]
那 어찌 나
낙]
諾 허락 낙
난]
難 어려울 난
暖 따뜻할 난
남]
南 남녘 남
男 사내 남
납]
納 들일 납
內 들일 납
　안 내
낭]
娘 각시 낭
내]
乃 이에 내
內 안 내
　들일 납
耐 견딜 내
奈 어찌 내
녀]
女 계집 녀
년]
年 해 년
념]
念 생각 념

녕]
寧 편안할 녕
노]
怒 성낼 노
努 힘쓸 노
奴 종 노
농]
農 농사 농
뇌]
惱 괴로와할 뇌
腦 머릿골 뇌
능]
能 능할 능
니]
泥 진흙 니

ㄷ

다]
多 많을 다
茶 차 다
단]
短 짧을 단
單 홑 단
但 다만 단
丹 붉을 단
端 끝 단
旦 아침 단
段 층계 단
斷 끊을 단
壇 제터 단
檀 박달나무 단
團 둥글 단
달]
達 통달할 달

담]
談 말씀 담
淡 묽을 담
擔 멜 담
답]
答 대답할 답
畓 논 답
踏 밟을 답
당]
當 마땅할 당
堂 집 당
唐 당나라 당
黨 무리 당
糖 엿 당
대]
大 큰 대
代 대신할 대
對 대할 대
待 기다릴 대
貸 빌릴 대
隊 떼 대
帶 띠 대
臺 돈대 대
덕]
德 큰 덕
도]
道 길 도
島 섬 도
到 이를 도
度 법도 도
　 헤아릴 탁
圖 그림 도
刀 칼 도
都 도읍 도

徒 무리 도
盜 도둑 도
桃 복숭아 도
稻 벼 도
途 길 도
倒 넘어질 도
跳 뛸 도
導 인도할 도
逃 달아날 도
挑 돋울 도
陶 질그릇 도
渡 건널 도
塗 진흙 도
독]
讀 읽을 독
　 글귀 두
獨 홀로 독
督 감독할 독
毒 독할 독
篤 두터울 독
돈]
敦 두터울 돈
豚 돼지 돈
돌]
突 부딪칠 돌
동]
動 움직일 동
冬 겨울 동
東 동녁 동
同 한가지 동
童 아이 동
洞 고을 동
　 통할 통
銅 구리 동

凍 얼 동
두]
豆 콩 두
頭 머리 두
斗 말 두
讀 글귀 두
　 읽을 독
둔]
鈍 무딜 둔
屯 진칠 둔
득]
得 얻을 득
등]
燈 등잔 등
登 오를 등
等 무리 등
騰 오를 등

ㄹ

라]
羅 그물 라
락]
樂 즐길 락
　 풍류 악, 좋아
　 할 요
落 떨어질 락
絡 이을 락
란]
卵 알 란
亂 어지러울 란
蘭 난초 란
欄 난간 란
람]
濫 넘칠 람

覽 볼 람
랑]
郞 사내 랑
浪 물결 랑
廊 행랑 랑
래]
來 올 래
랭]
冷 찰 랭
략]
略 간략할 략
掠 노략질할 략
량]
兩 둘 량
良 어질 량
量 헤아릴 량
凉 서늘할 량
諒 살필 량
梁 들보 량
糧 양식 량
려]
旅 나그네 려
麗 고울 려
慮 생각할 려
勵 힘쓸 려
력]
力 힘 력
歷 지낼 력
曆 책력 력
련]
練 익힐 련
連 이을 련
戀 사모할 련
聯 잇닿을 련

憐 불쌍히여길 련
鍊 단련할 련
蓮 연꽃 련
렬]
烈 매울 렬
列 벌일 렬
劣 용렬할 렬
裂 찢을 렬
렴]
廉 청렴할 렴
렵]
獵 사냥 렵
령]
令 명령할 령
領 거느릴 령
靈 신령 령
嶺 재 령
零 떨어질 령
례]
禮 예도 례
例 법식 례
隸 종 례
로]
路 길 로
老 늙을 로
勞 수고로울 로
露 이슬 로
爐 화로 로
록]
綠 푸를 록
鹿 사슴 록
錄 기록할 록
祿 복 록
론]

論 의논할 론
롱]
弄 희롱할 롱
뢰]
賴 의지할 뢰
雷 우뢰 뢰
료]
料 헤아릴 료
了 마칠 료
僚 벼슬아치 료
룡]
龍 용 룡
루]
漏 샐 루
樓 다락 루
淚 눈물 루
累 여러 루
屢 자주 루
류]
留 머무를 류
柳 버들 류
流 흐를 류
類 무리 류
륙]
六 여섯 륙
陸 뭍 륙
륜]
倫 인륜 륜
輪 바퀴 륜
률]
律 법 률
率 비율 률
栗 밤 률

隆 성할 륭
릉]
陵 언덕 릉
리]
里 마을 리
理 다스릴 리
利 이로울 리
履 밟을 리
梨 배 리
吏 관리 리
李 오얏 리
裏 속 리
離 떠날 리
린]
隣 이웃 린
림]
林 수풀 림
臨 임할 림
립]
立 설 립

ㅁ

마]
馬 말 마
麻 삼 마
磨 갈 마
막]
莫 아닐 막
漠 사막 막
幕 장막 막
만]
萬 일만 만
晩 늦을 만
滿 찰 만

慢 거만할 만
漫 부질없을 만

말]

末 끝 말

망]

忘 잊을 망
望 바랄 망
亡 망할 망
忙 바쁠 망
罔 없을 망
妄 망녕될 망
茫 망망할 망

매]

妹 손아랫누이 매
每 매양 매
賣 팔 매
買 살 매
媒 중매 매
埋 묻을 매
梅 매화나무 매

맥]

麥 보리 맥
脈 맥 맥

맹]

孟 맏 맹
盟 맹세할 맹
盲 소경 맹
猛 사나울 맹

면]

面 낯 면
眠 잠잘 면
免 면할 면
勉 힘쓸 면
綿 솜 면

멸]

滅 멸망할 멸

명]

名 이름 명
命 목숨 명
明 밝을 명
鳴 울 명
銘 새길 명
冥 어두울 명

모]

母 어미 모
毛 털 모
暮 저물 모
貌 모양 모
某 아무 모
謀 꾀할 모
模 법 모
募 뽑을 모
慕 사모할 모
侮 업신여길 모
冒 무릅쓸 모
　묵돌 묵

목]

目 눈 목
木 나무 목
牧 기를 목
睦 화목할 목

몰]

沒 빠질 몰

몽]

夢 꿈 몽
蒙 어릴 몽

묘]

卯 토끼 묘
妙 묘할 묘
墓 무덤 묘
廟 사당 묘
苗 싹 묘

무]

務 힘쓸 무
戊 천간 무
武 호반 무
無 없을 무
舞 춤출 무
茂 무성할 무
霧 안개 무
貿 무역할 무

묵]

墨 먹 묵
默 말없을 묵

문]

門 문 문
問 물을 문
文 글월 문
聞 들을 문

물]

物 만물 물
勿 말 물

미]

味 맛 미
尾 꼬리 미
未 아닐 미
美 아름다울 미
米 쌀 미
迷 미혹할 미
微 작을 미
眉 눈썹 미

민]

民 백성 민
憫 불쌍히여길 민
敏 민첩할 민

밀]

密 빽빽할 밀
蜜 꿀 밀

ㅂ

박]

朴 순박할 박
博 넓을 박
拍 손뼉칠 박
泊 배댈 박
迫 핍박할 박
薄 얇을 박

반]

反 돌이킬 반
半 반 반
飯 밥 반
返 돌아올 반
盤 쟁반 반
班 나눌 반
叛 배반할 반
般 옮길 반
伴 짝 반

발]

發 필 발
拔 뺄 발
髮 머리털 발

방]

方 모 방
訪 찾을 방
防 방비할 방
放 놓을 방

房 방 방
邦 나라 방
妨 방해할 방
傍 곁 방
倣 본받을 방
芳 꽃다울 방

배]
杯 잔 배
拜 절 배
倍 곱 배
北 달아날 배
　　북녘 북
培 북돋을 배
背 등 배
　　배반할 패
排 물리칠 배
配 짝 배
輩 무리 배

백]
百 일백 백
白 흰 백
伯 맏 백

번]
番 차례 번
飜 뒤집을 번
繁 번성할 번
煩 번거로울 번

벌]
伐 칠 벌
罰 벌줄 벌

범]
凡 무릇 범
範 법 범
犯 범할 범

법]
法 법 법

벽]
碧 푸를 벽
壁 바람벽 벽

변]
便 문득 변
　　편할 편
變 변할 변
邊 가 변
辯 말잘할 변
辨 분별할 변

별]
別 다를 별

병]
丙 남녘 병
兵 군사 병
病 병들 병
屛 병풍 병
竝 아우를 병

보]
保 보호할 보
步 걸음 보
報 갚을 보
譜 계보 보
補 도울 보
普 넓을 보
寶 보배 보

복]
復 회복할 복
　　다시 부
服 옷 복
伏 엎드릴 복
福 복 복

卜 점칠 복
複 겹칠 복
腹 배 복
覆 뒤집힐 복
　　덮을 부

본]
本 근본 본

봉]
逢 만날 봉
奉 받들 봉
鳳 새 봉
蜂 벌 봉
峯 봉우리 봉
封 봉할 봉

부]
父 아비 부
否 아니 부
扶 도울 부
浮 뜰 부
部 붙을 부
婦 며느리 부
夫 사내 부
富 부자 부
復 다시 부
　　회복할 복
賦 구실 부
赴 다다를 부
副 버금 부
簿 장부 부
符 부적 부
負 짐질 부
付 줄 부
附 붙을 부
府 마을 부

腐 썩을 부
覆 덮을 부
　　뒤집힐 복

북]
北 북녘 북
　　달아날 배

분]
分 나눌 분
憤 분할 분
紛 어지러울 분
奔 달아날 분
墳 무덤 분
奮 떨칠 분
粉 가루 분

불]
不 아닐 불
佛 부처 불
拂 떨 불

붕]
朋 벗 붕
崩 무너질 붕

비]
悲 슬플 비
鼻 코 비
飛 날 비
比 견줄 비
非 아닐 비
備 갖출 비
妃 왕비 비
費 소비할 비
婢 계집종 비
肥 살찔 비
卑 낮을 비
批 비평할 비

碑 비석 비
秘 숨길 비
빈]
貧 가난할 빈
頻 자주 빈
賓 손 빈
빙]
氷 얼음 빙
聘 청할 빙

人

사]
寺 절 사
師 스승 사
四 넉 사
仕 벼슬 사
死 죽을 사
士 선비 사
使 하여금 사
絲 실 사
事 일 사
思 생각할 사
舍 집 사
史 역사 사
謝 사례할 사
巳 뱀 사
私 사사 사
射 쏠 사
　맞힐 석
邪 간사할 사
　어조사 야
詞 말씀 사
蛇 뱀 사
捨 버릴 사

賜 줄 사
斜 비낄 사
詐 속일 사
社 모일 사
沙 모래 사
司 맡을 사
似 같을 사
祀 제사 사
査 조사할 사
寫 베낄 사
辭 말씀 사
斯 이 사
食 밥 사
　먹을 식
삭]
削 깍을 삭
朔 초하루 삭
數 자주 삭
　셈 수
산]
山 메 산
算 셈할 산
散 흩을 산
産 낳을 산
살]
殺 죽일 살
　감할 쇄
삼]
三 석 삼
參 석 삼
　참여할 참
상]
上 위 상
尙 오히려 상

霜 서리 상
商 장사 상
相 서로 상
常 항상 상
傷 상할 상
賞 상줄 상
想 생각할 상
喪 잃을 상
像 형상 상
床 평상 상
償 갚을 상
詳 자세할 상
狀 형상 상
　문서 장
象 코끼리 상
桑 뽕나무 상
裳 치마 상
祥 상서로울 상
嘗 맛볼 상
쌍]
雙 둘 쌍
새]
塞 변방 새
　막을 색
색]
色 빛 색
索 찾을 색
塞 막을 색
　변방 새
생]
生 날 생
省 덜 생
　살필 성
서]

西 서녘 서
書 글 서
暑 더위 서
序 차례 서
署 관청 서
敍 펼 서
緒 실마리 서
庶 여럿 서
徐 천천히할 서
恕 용서할 서
誓 맹세할 서
逝 갈 서
석]
夕 저녁 석
石 돌 석
惜 아낄 석
昔 옛 석
釋 풀 석
席 자리 석
析 쪼갤 석
射 맞힐 석
　쏠 사
선]
仙 신선 선
線 실 선
先 먼저 선
鮮 고울 선
船 배 선
選 가릴 선
善 착할 선
旋 돌 선
宣 베풀 선
禪 고요할 선
설]

說 말씀 설
　기쁠 열, 달랠 세
雪 눈 설
設 베풀 설
舌 혀 설

섭]
涉 건널 섭
攝 당길 섭

성]
姓 성 성
城 재 성
誠 성실할 성
省 살필 성
　덜 생
成 이룰 성
聖 성인 성
星 별 성
性 성품 성
聲 소리 성
盛 성할 성

세]
稅 세금 세
世 인간 세
歲 해 세
細 가늘 세
勢 기세 세
洗 씻을 세
說 달랠 세
　말씀 설, 기쁠 열

소]
笑 웃을 소
小 작을 소
少 적을 소
所 바 소

消 끌 소
素 바탕 소
蘇 깨어날 소
昭 밝을 소
騷 시끄러울 소
燒 불사를 소
訴 소송할 소
掃 쓸 소
召 부를 소
蔬 나물 소
疏 성길 소

속]
速 빠를 속
續 이을 속
俗 풍속 속
束 묶을 속
屬 붙을 속
　부탁할 촉
粟 조 속

손]
孫 손자 손
損 덜 손

송]
送 보낼 송
松 소나무 송
訟 소송할 송
誦 욀 송
頌 칭송할 송

쇄]
刷 인쇄할 쇄
鎖 쇠사슬 쇄
殺 감할 쇄
　죽일 살

쇠]

衰 쇠할 쇠
　상복 최

수]
讐 원수 수
愁 근심 수
水 물 수
手 손 수
受 받을 수
數 셈 수
　자주 삭
收 거둘 수
守 지킬 수
授 줄 수
壽 장수할 수
雖 비록 수
樹 나무 수
修 닦을 수
首 머리 수
秀 빼어날 수
須 모름지기 수
獸 짐승 수
遂 마침내 수
睡 잠잘 수
輸 보낼 수
殊 다를 수
帥 장수 수
需 쓸 수
隨 따를 수
囚 죄인 수
垂 드리울 수
搜 찾을 수

숙]
淑 맑을 숙
宿 잠잘 숙

叔 아재비 숙
肅 엄숙할 숙
熟 익을 숙
孰 누구 숙

순]
順 따를 순
純 순수할 순
循 돌 순
巡 순행할 순
瞬 눈깜짝할 순
殉 따라죽을 순
旬 열흘 순
脣 입술 순

술]
戌 개 술
術 재주 술
述 베풀 술

숭]
崇 숭상할 숭

습]
習 익힐 습
拾 주을 습
濕 젖을 습
襲 엄습할 습

승]
勝 이길 승
乘 탈 승
承 이을 승
昇 오를 승
僧 중 승

시]
時 때 시
市 시장 시
詩 시 시

示 보일 시
始 시작할 시
試 시험할 시
是 이 시
施 베풀 시
視 볼 시
侍 시중할 시
矢 화살 시

씨]
氏 성씨 씨

식]
植 심을 식
食 먹을 식
　밥 사
式 법 식
識 알 식
　기록할 지
飾 꾸밀 식
息 숨 식

신]
新 새로울 신
身 몸 신
信 믿을 신
神 신 신
臣 신하 신
辛 매울 신
申 잘내비 신
伸 펼 신
愼 삼갈 신
晨 새벽 신
辰 별 신(진)

실]
室 집 실
失 잃을 실

實 열매 실

심]
心 마음 심
深 깊을 심
甚 심할 심
尋 찾을 심
審 살필 심

십]
十 열 십

○

아]
我 나 아
兒 아이 아
芽 싹 아
亞 버금 아
雅 아담할 아
餓 배주릴 아
牙 어금니 아

악]
惡 사악할 악
　미워할 오
岳 큰 산 악
樂 풍류 악
　즐길 락, 좋아
　할 요

안]
顔 얼굴 안
案 책상 안
安 편안할 안
眼 눈 안
岸 언덕 안
雁 기러기 안

알]

謁 아뢸 알

암]
巖 바위 암
暗 어두울 암

압]
壓 누를 압
押 누를 압

앙]
仰 우러를 앙
央 중앙 앙
殃 재앙 앙

애]
愛 사랑할 애
哀 슬플 애
涯 물가 애

액]
額 이마 액
厄 재앙 액

야]
野 들 야
夜 밤 야
也 어조사 야
邪 어조사 야
　간사할 사

약]
藥 약 약
弱 약할 약
若 만약 약
約 약속할 약
躍 뛸 약

양]
洋 바다 양
讓 사양할 양
陽 볕 양

羊 양 양
養 기를 양
揚 날릴 양
樣 모양 양
壤 흙 양
楊 버들 양

어]
魚 고기 어
漁 고기잡을 어
語 말씀 어
於 어조사 어
御 모실 어

억]
億 억 억
憶 기억할 억
抑 누를 억

언]
言 말씀 언
焉 어조사 언

엄]
嚴 엄할 엄

업]
業 일 업

여]
如 같을 여
余 나 여
汝 너 여
餘 남을 여
與 줄 여
予 나 여
輿 수레 여

역]
亦 또 역
逆 거스를 역

易 바꿀 역	永 영원할 영	擁 안을 옹	宇 집 우
쉬울 이	英 영웅 영	**와]**	憂 우수할 우
疫 전염병 역	迎 맞을 영	臥 누울 와	右 오른 우
驛 역마 역	影 그림자 영	瓦 기와 와	雨 비 우
役 부릴 역	泳 헤엄칠 영	**완]**	友 벗 우
域 지경 역	營 경영할 영	完 마칠 완	牛 소 우
譯 통역할 역	映 영화 영	緩 느릴 완	又 또 우
연]	詠 읊을 영	**왈]**	遇 만날 우
煙 연기 연	**예]**	曰 말할 왈	尤 더욱 우
硏 연구할 연	藝 기예 예	**왕]**	于 어조사 우
然 그러할 연	豫 기쁠 예	王 임금 왕	羽 깃 우
燕 제비 연	譽 명예로울 예	往 갈 왕	愚 어리석을 우
燃 불탈 연	銳 날카로울 예	**외]**	優 우수할 우
演 연기할 연	**오]**	外 바깥 외	郵 우편 우
鉛 납 연	吾 나 오	畏 두려워할 외	偶 짝 우
延 끌 연	五 다섯 오	**요]**	**운]**
軟 연할 연	午 낮 오	要 중요할 요	雲 구름 운
沿 물따라 갈 연	悟 깨달을 오	搖 흔들 요	云 이를 운
宴 연회 연	誤 그릇될 오	謠 노래 요	運 옮길 운
緣 인연 연	烏 까마귀 오	腰 허리 요	韻 운치 운
열]	嗚 탄식할 오	遙 멀 요	**웅]**
熱 뜨거울 열	娛 즐거워할 오	樂 좋아할 요	雄 웅장할 웅
悅 기쁠 열	汚 더러울 오	즐길 락, 풍류 악	**원]**
說 기쁠 열	傲 거만할 오	**욕]**	圓 둥글 원
말씀 설, 달랠 세	惡 미워할 오	欲 하고자할 욕	遠 멀 원
閱 검열할 열	사악할 악	浴 목욕할 욕	怨 원망할 원
염]	**옥]**	辱 욕할 욕	願 원할 원
炎 불꽃 염	屋 집 옥	慾 욕심 욕	原 근원 원
鹽 소금 염	玉 구슬 옥	**용]**	園 동산 원
染 물들 염	獄 감옥 옥	用 쓸 용	元 으뜸 원
엽]	**온]**	容 얼굴 용	員 인원 원
葉 입 엽	溫 따뜻할 온	勇 용감할 용	援 도울 원
영]	**옹]**	庸 떳떳할 용	源 근원 원
榮 영화로울 영	翁 늙은이 옹	**우]**	院 집 원

월]
月 달 월
越 뛰어넘을 월
위]
位 자리 위
危 위험할 위
爲 할 위
偉 위대할 위
威 으를 위
緯 씨줄 위
胃 위장 위
圍 에워쌀 위
委 맡길 위
衛 호위할 위
違 어길 위
慰 위로할 위
謂 말할 위
僞 거짓 위
유]
唯 오직 유
油 기름 유
幼 어릴 유
有 있을 유
遊 놀 유
由 말미암을 유
遺 남길 유
柔 부드러울 유
酉 닭 유
猶 같을 유
儒 선비 유
幽 그윽할 유
惟 생각할 유
維 이을 유
乳 젖 유

裕 넉넉할 유
誘 꾀일 유
悠 한가할 유
愈 나을 유
육]
肉 고기 육
育 기를 육
윤]
潤 윤택할 윤
閏 윤날 윤
은]
恩 은혜 은
銀 은행 은
隱 숨을 은
을]
乙 새 을
음]
音 소리 음
吟 읊을 음
陰 그늘 음
飮 마실 음
淫 음란할 음
읍]
邑 고을 읍
泣 울 읍
응]
應 대답할 응
凝 엉길 응
의]
醫 의원 의
意 뜻 의
衣 옷 의
依 의지할 의
義 옳을 의

議 의논할 의
矣 어조사 의
儀 거동 의
疑 의심할 의
宜 마땅할 의
이]
二 둘 이
以 써 이
異 다를 이
移 옮길 이
耳 귀 이
已 이미 이
而 말이을 이
夷 오랑캐 이
易 쉬울 이
　 바꿀 역
익]
益 더할 익
翼 날개 익
인]
忍 참을 인
因 인할 인
人 사람 인
印 도장 인
引 이끌 인
仁 어질 인
認 인정한 인
寅 범 인
姻 혼인할 인
일]
日 날 일
一 한 일
逸 뛰어날 일
임]

壬 천간 임
任 맡길 임
賃 품삯 임
입]
入 들 입

ㅈ

자]
子 아들 자
自 스스로 자
字 글자 자
者 사람 자
姉 누이 자
慈 인자할 자
資 재물 자
姿 맵시 자
刺 찌를 자
玆 이 자
恣 방자할 자
紫 자색 자
작]
作 지을 작
昨 어제 작
酌 짐작할 작
爵 벼슬 작
잔]
殘 남을 잔
잠]
潛 잠길 잠
暫 잠깐 잠
잡]
雜 잡될 잡
장]
長 길 장

將 장수 장	**쟁]**	傳 전할 전	程 법 정
場 마당 장	爭 다툴 쟁	殿 대궐 전	征 칠 정
章 글 장	**저]**	**절]**	整 정돈할 정
壯 장할 장	貯 쌓을 저	絶 끊을 절	**제]**
丈 어른 장	低 낮을 저	節 마디 절	弟 아우 제
障 막힐 장	著 드러날 저	折 꺾을 절	第 차례 제
臟 오장 장	底 바닥 저	切 끊을 절	製 지을 제
奬 권장할 장	抵 막을 저	모두 체	祭 제사 제
張 베풀 장	諸 어조사 저	竊 훔칠 절	題 제목 제
裝 꾸밀 장	모두 제	**점]**	帝 황제 제
藏 감출 장	**적]**	店 점포 점	諸 모두 제
帳 휘장 장	的 과녁 적	漸 점차 점	어조사 저
腸 창자 장	赤 붉을 적	占 점칠 점	除 제할 제
墻 담 장	適 갈 적	點 점 점	提 끌 제
葬 장사지낼 장	敵 원수 적	**접]**	齊 가지런할 제
莊 씩씩할 장	寂 적막할 적	接 맞을 접	재계할 재
粧 단장할 장	籍 서적 적	蝶 나비 접	際 때 제
掌 손바닥 장	積 쌓을 적	**정]**	濟 구제할 제
狀 문서 장	績 길쌈 적	正 바를 정	制 억제할 제
형상 상	賊 도둑 적	井 우물 정	堤 방죽 제
재]	摘 딸 적	淨 깨끗할 정	**조]**
在 있을 재	跡 발자취 적	定 정할 정	兆 조 조
再 또 재	滴 물방울 적	丁 고무레 정	助 도울 조
財 재물 재	**전]**	停 머무를 정	鳥 새 조
材 재목 재	典 법 전	庭 정원 정	早 이를 조
才 재주 재	前 앞 전	政 정치 정	造 만들 조
栽 심을 재	田 밭 전	精 세밀할 정	朝 아침 조
哉 어조사 재	全 온전할 전	情 정감 정	祖 할아비 조
災 재앙 재	錢 돈 전	貞 곧을 정	調 고를 조
裁 마를 재	展 전시할 전	頂 꼭대기 정	租 세금 조
載 실을 재	戰 전쟁 전	靜 고요할 정	照 비칠 조
齋 재계할 재	電 전기 전	亭 정자 정	組 짤 조
가지런할 제	專 오로지 전	訂 바로잡을 정	燥 마를 조
宰 새상 새	轉 구를 전	廷 조정 정	條 가지 조

操 잡을 조
潮 조수 조
弔 조상할 조

족]
足 발 족
族 겨레 족

존]
存 있을 존
尊 높을 존

졸]
卒 군사 졸
拙 옹졸할 졸

종]
種 씨 종
鍾 종 종
終 마칠 종
從 따를 종
宗 마루 종
縱 세로 종

좌]
坐 앉을 좌
左 왼 좌
佐 도울 좌
座 자리 좌

죄]
罪 죄 죄

주]
宙 우주 주
主 주인 주
酒 술 주
走 달릴 주
朱 붉을 주
注 물댈 주
晝 낮 주

住 살 주
舟 배 주
株 그루 주
周 두루 주
柱 기둥 주
州 고을 주
洲 물가 주
奏 아뢸 주
珠 구슬 주
鑄 쇠부어만들 주

죽]
竹 대 죽

준]
準 법도 준
俊 준걸 준
遵 따라갈 준

중]
中 가운데 중
重 무거울 중
衆 무리 중
仲 버금 중

즉]
卽 곧 즉
則 곧 즉
　 법칙 칙

증]
證 증거 증
曾 일찍 증
增 증가할 증
蒸 찔 증
憎 미워할 증
症 병세 증
贈 줄 증

지]

只 다만 지
支 가지 지
之 갈 지
地 땅 지
知 알 지
止 그칠 지
紙 종이 지
指 가리킬 지
持 지탱할 지
至 다다를 지
志 뜻 지
枝 가지 지
池 못 지
誌 기록할 지
遲 더딜 지
智 지혜 지
識 기록할 지
　 알 식

직]
直 곧을 직
職 직분 직
織 짤 직

진]
盡 다할 진
辰 별 진(신)
進 나아갈 진
眞 참 진
陣 진칠 진
振 떨칠 진
鎭 진압할 진
珍 보배 진
陳 베풀 진
震 벼락 진

질]

質 바탕 질
疾 병 질
姪 조카 질
秩 질서 질

집]
執 잡을 집
集 모을 집

징]
徵 부를 징
懲 징계할 징

ㅊ

차]
此 이 차
次 버금 차
借 빌 차
且 또 차
差 어긋날 차
車 성씨 차
　 수레 거

착]
着 붙을 착
錯 섞일 착
捉 잡을 착

찬]
贊 찬성할 찬
讚 칭찬할 찬

찰]
察 살필 찰

참]
參 참가할 참
　 석 삼
慘 참혹할 참
慙 부끄러울 참

창]
昌 창성할 창
唱 노래부를 창
窓 창 창
倉 창고 창
蒼 푸를 창
暢 화창할 창
創 비롯할 창
채]
菜 나물 채
採 캘 채
彩 무늬 채
債 빗질 채
책]
責 꾸짖을 책
冊 책 책
策 꾀 책
처]
妻 아내 처
處 곳 처
척]
尺 자 척
斥 내칠 척
拓 던질 척
戚 친척 척
천]
千 일천 천
天 하늘 천
川 내 천
泉 샘 천
淺 얕을 천
薦 추천할 천
遷 옮길 천
踐 밟을 천

賤 천할 천
철]
鐵 쇠 철
哲 밝을 철
徹 뚫을 철
첨]
添 더할 첨
尖 뾰족할 첨
첩]
妾 첩 첩
청]
靑 푸를 청
晴 갤 청
請 청할 청
淸 맑을 청
聽 들을 청
廳 관청 청
체]
體 몸 체
替 바꿀 체
切 모두 체
  끊을 절
滯 막힐 체
逮 미칠 체
遞 번갈아 체
초]
草 풀 초
初 처음 초
招 부를 초
超 뛰어넘을 초
抄 베낄 초
肖 같을 초
礎 초석 초
秒 시간단위 초

촉]
促 재촉할 촉
觸 닿을 촉
燭 촛불 촉
屬 부탁할 촉
  붙을 속
촌]
村 마을 촌
寸 마디 촌
총]
聰 귀밝을 총
銃 총 총
總 거느릴 총
최]
最 최고 최
催 재촉할 최
衰 상복 최
  쇠할 쇠
추]
秋 가을 추
追 좇을 추
推 미룰 추
  밀 퇴
抽 뽑을 추
醜 더러울 추
축]
祝 축하할 축
丑 소 축
築 지을 축
蓄 쌓을 축
逐 쫓을 축
畜 가축 축
縮 줄 축
춘]

春 봄 춘
출]
出 날 출
충]
忠 충성 충
蟲 벌레 충
充 채울 충
衝 충돌할 충
취]
吹 불 취
取 취할 취
就 나아갈 취
臭 냄새 취
醉 취할 취
趣 주창할 취
측]
側 곁 측
測 측량할 측
층]
層 층 층
치]
致 이를 치
治 다스릴 치
齒 이빨 치
恥 부끄러울 치
置 둘 치
値 값 치
칙]
則 법 칙
  곧 즉
친]
親 친할 친
칠]
七 일곱 칠

漆 옻칠할 칠
침]
針 바늘 침
枕 베개 침
沈 잠길 침
浸 적실 침
侵 침략할 침
寢 잠잘 침
칭]
稱 칭할 칭

ㅋ

쾌]
快 쾌할 쾌

ㅌ

타]
他 다를 타
打 때릴 타
墮 떨어질 타
妥 온당할 타
탁]
濯 빨 탁
托 맡길 탁
濁 탁할 탁
度 헤아릴 탁
　법도 도
卓 탁자 탁
탄]
炭 숯 탄
彈 퉁길 탄
歎 탄식할 탄
誕 태어날 탄

탈]
脫 벗어날 탈
奪 빼앗을 탈
탐]
探 찾을 탐
貪 탐낼 탐
탑]
塔 탑 탑
탕]
湯 국 탕
태]
泰 클 태
太 클 태
態 태도 태
怠 게으를 태
殆 위태로울 태
택]
宅 집 택
擇 택할 택
澤 못 택
토]
土 흙 토
吐 뱉을 토
討 토론할 토
통]
通 통할 통
統 거느릴 통
痛 아플 통
洞 통할 통
　고을 동
퇴]
退 물너갈 퇴
推 밀 퇴
　미룰 추

투]
投 던질 투
透 사무칠 투
鬪 싸울 투
특]
特 특별할 특

ㅍ

파]
波 물결 파
破 깨뜨릴 파
派 물결 파
播 씨뿌릴 파
罷 파할 파
頗 자못 파
把 잡을 파
판]
判 판단할 판
板 널 판
版 조각 판
販 팔 판
팔]
八 여덟 팔
패]
貝 조개 패
敗 질 패
背 배반할 패
　등 배
편]
片 조각 편
便 편할 편
　문득 변
篇 책 편
編 엮을 편

遍 두루 편
偏 치우칠 편
평]
平 평평할 평
評 평론할 평
폐]
閉 닫을 폐
幣 화폐 폐
廢 폐할 폐
蔽 가릴 폐
弊 폐단 폐
肺 허파 폐
포]
布 베 포
抱 안을 포
暴 사나울 포
　드러날 폭
包 쌀 포
胞 태 포
飽 배부를 포
浦 물가 포
捕 잡을 포
폭]
暴 드러날 폭
　사나울 포
爆 폭발할 폭
幅 넓이 폭
표]
表 겉 표
票 쪽지 표
標 표할 표
漂 뜰 표
품]
品 물건 품

풍]
風 바람 풍
豊 풍성할 풍
피]
皮 가죽 피
彼 저 피
疲 파리할 피
被 입을 피
避 피할 피
필]
匹 짝 필
必 반드시 필
筆 붓 필
畢 마칠 필

ㅎ

하]
下 아래 하
何 어찌 하
夏 여름 하
河 물 하
賀 축하할 하
荷 멜 하
학]
學 배울 학
鶴 학 학
한]
恨 한맺힐 한
寒 추울 한
閑 한가할 한
限 한계 한
漢 한나라 한
韓 한나라 한
汗 땀 한

旱 가물 한
할]
割 벨 할
함]
咸 다 함
含 머금을 함
陷 빠질 함
합]
合 합할 합
항]
抗 대항할 항
恒 항상 항
巷 거리 항
航 물건널 항
項 목 항
港 항구 항
行 항오 항
　 다닐 행
降 항복할 항
　 내릴 강
해]
亥 돼지 해
害 해할 해
海 바다 해
奚 어조사 해
解 풀 해
該 해당할 해
핵]
核 씨 핵
행]
行 다닐 행
　 항오 항
幸 다행 행
향]

向 향할 향
享 누릴 향
香 향기 향
鄕 고을 향
響 소리 향
허]
許 허락할 허
虛 빌 허
헌]
軒 동헌 헌
憲 법 헌
獻 드릴 헌
험]
險 험할 험
驗 시험할 험
혁]
革 가죽 혁
현]
玄 검을 현
現 드러날 현
絃 악기줄 현
賢 어질 현
縣 고을 현
懸 매달 현
顯 나타날 현
見 나타날 현
　 볼 견
혈]
穴 구멍 혈
血 피 혈
협]
協 도울 협
脅 으를 협
嫌 싫어할 혐

형]
兄 맏 형
刑 형벌 형
亨 형통할 형
形 형상 형
螢 반딧불 형
衡 저울대 형
혜]
兮 어조사 혜
惠 은혜 혜
慧 지혜 혜
호]
互 서로 호
戶 지게 호
乎 어조사 호
好 좋을 호
呼 부를 호
虎 호랑이 호
胡 오랑캐 호
浩 넓을 호
毫 터럭 호
湖 호수 호
號 부를 호
豪 호걸 호
護 보호할 호
혹]
或 혹 혹
惑 의혹될 혹
혼]
婚 혼일할 혼
昏 어두울 혼
混 섞일 혼
魂 혼백 혼
홀]

忽 문득 홀

홍]
弘 클 홍
洪 넓을 홍
紅 붉을 홍
鴻 기러기 홍

화]
火 불 화
化 화할 화
禾 벼 화
花 꽃 화
和 화합할 화
貨 재물 화
華 빛날 화
畵 그림 화
　그을 획
話 말씀 화
禍 재화 화

확]
確 확실할 확
擴 늘릴 확

穫 거둘 확

환]
丸 구슬 환
患 근심 환
換 바꿀 환
還 돌 환
環 고리 환
歡 기쁠 환

활]
活 살 활

황]
況 하물며 황
荒 황무지 황
皇 임금 황
黃 누를 황

회]
回 돌아올 회
悔 후회할 회
會 모을 회
懷 품을 회

획]
劃 그을 획
獲 얻을 획
畵 그을 획
　그림 화

횡]
橫 가로 횡

효]
孝 효도 효
效 본받을 효
曉 새벽 효

후]
侯 제후 후
厚 두터울 후
後 나중 후
候 날씨 후

훈]
訓 가르칠 훈

훼]
毁 헐 훼

휘]
揮 휘두를 휘

輝 빛날 휘

휴]
休 쉴 휴
携 이끌 휴

흉]
凶 흉할 흉
胸 가슴 흉

흑]
黑 검을 흑

흡]
吸 숨쉴 흡

흥]
興 일어날 흥

희]
希 바랄 희
稀 드물 희
喜 기쁠 희
戲 놀이 희

2 교육용 기초한자 1,800자 중 한국과 현대 중국 간화자 자형이 다른 것(685자)

1. 價 价	28. 擊 击	55. 穀 谷
2. 覺 觉	29. 隔 隔	56. 骨 骨
3. 閣 阁	30. 堅 坚	57. 貢 贡
4. 姦 奸	31. 牽 牵	58. 誇 夸
5. 幹 干	32. 絹 绢	59. 課 课
6. 懇 恳	33. 見 见	60. 過 过
7. 簡 简	34. 決 决	61. 寬 宽
8. 間 间	35. 結 结	62. 慣 惯
9. 減 减	36. 潔 洁	63. 觀 观
10. 監 监	37. 兼 兼	64. 貫 贯
11. 鑑 鉴	38. 謙 谦	65. 館 馆
12. 剛 刚	39. 徑 径	66. 關 关
13. 講 讲	40. 慶 庆	67. 鑛 矿
14. 鋼 钢	41. 經 经	68. 廣 广
15. 綱 纲	42. 輕 轻	69. 掛 挂
16. 個 个	43. 鏡 镜	70. 塊 块
17. 慨 慨	44. 頃 顷	71. 壞 坏
18. 概 概	45. 驚 惊	72. 橋 桥
19. 蓋 盖	46. 係 系	73. 矯 矫
20. 開 开	47. 啓 启	74. 較 较
21. 據 据	48. 繫 系	75. 區 区
22. 擧 举	49. 繼 継	76. 懼 惧
23. 乾 干	50. 計 计	77. 構 构
24. 傑 杰	51. 階 阶	78. 舊 旧
25. 儉 俭	52. 鷄 鸡	79. 驅 驱
26. 劍 剑	53. 庫 库	80. 國 国
27. 檢 检	54. 顧 顾	81. 軍 军

82. 窮 穷	116. 爐 炉	150. 鈍 钝
83. 勸 劝	117. 綠 绿	151. 騰 腾
84. 權 权	118. 錄 录	152. 燈 灯
85. 軌 轨	119. 農 农	153. 羅 罗
86. 龜 龟	120. 惱 恼	154. 絡 络
87. 歸 归	121. 腦 脑	155. 樂 乐
88. 貴 贵	122. 單 单	156. 亂 乱
89. 糾 纠	123. 團 团	157. 欄 栏
90. 規 规	124. 壇 坛	158. 蘭 兰
91. 極 极	125. 斷 断	159. 濫 滥
92. 劇 剧	126. 達 达	160. 覽 览
93. 謹 谨	127. 擔 担	161. 廊 廊
94. 僅 仅	128. 談 谈	162. 郎 郎
95. 錦 锦	129. 當 当	163. 來 来
96. 級 级	130. 黨 党	164. 諒 谅
97. 給 给	131. 對 对	165. 勵 励
98. 幾 几	132. 帶 带	166. 麗 丽
99. 機 机	133. 貸 贷	167. 慮 虑
100. 旣 既	134. 隊 队	168. 曆 历
101. 棄 弃	135. 臺 台	169. 歷 历
102. 氣 气	136. 圖 图	170. 戀 恋
103. 紀 纪	137. 塗 涂	171. 練 练
104. 豈 岂	138. 導 导	172. 聯 联
105. 記 记	139. 島 岛	173. 蓮 莲
106. 飢 饥	140. 盜 盗	174. 連 连
107. 騎 骑	141. 都 都	175. 鍊 炼
108. 緊 紧	142. 獨 独	176. 憐 怜
109. 諾 诺	143. 篤 笃	177. 廉 廉
110. 難 难	144. 讀 读	178. 獵 猎
111. 納 纳	145. 凍 冻	179. 令 令
112. 內 内	146. 動 动	180. 嶺 岭
113. 冷 冷	147. 東 东	181. 零 零
114. 寧 宁	148. 銅 铜	182. 靈 灵
115. 勞 劳	149. 頭 头	183. 領 领

184. 禮 礼	218. 門 门	252. 紛 纷
185. 祿 禄	219. 憫 悯	253. 備 备
186. 論 论	220. 盤 盘	254. 費 费
187. 賴 赖	221. 飯 饭	255. 飛 飞
188. 屢 屡	222. 拔 拔	256. 貧 贫
189. 樓 楼	223. 發 发	257. 賓 宾
190. 淚 泪	224. 髮 发	258. 頻 频
191. 類 类	225. 倣 仿	259. 氷 冰
192. 倫 伦	226. 訪 访	260. 寫 写
193. 輪 轮	227. 輩 辈	261. 師 师
194. 裏 里	228. 煩 烦	262. 查 查
195. 離 离	229. 飜 翻	263. 社 社
196. 隣 邻	230. 罰 罚	264. 祀 祀
197. 馬 马	231. 範 范	265. 絲 丝
198. 滿 满	232. 變 变	266. 詐 诈
199. 萬 万	233. 辯 辩	267. 詞 词
200. 買 买	234. 邊 边	268. 謝 谢
201. 賣 卖	235. 屏 屏	269. 賜 赐
202. 脈 脉	236. 竝 并	270. 辭 辞
203. 麥 麦	237. 報 报	271. 産 产
204. 綿 绵	238. 寶 宝	272. 殺 杀
205. 滅 灭	239. 補 补	273. 參 参
206. 銘 铭	240. 譜 谱	274. 傷 伤
207. 鳴 鸣	241. 福 福	275. 償 偿
208. 謀 谋	242. 複 复	276. 喪 丧
209. 沒 没	243. 峯 峰	277. 嘗 尝
210. 夢 梦	244. 鳳 凤	278. 狀 状
211. 廟 庙	245. 復 复	279. 祥 祥
212. 務 务	246. 婦 妇	280. 詳 详
213. 無 无	247. 負 负	281. 賞 赏
214. 貿 贸	248. 賦 赋	282. 敍 叙
215. 霧 雾	249. 奮 奋	283. 書 书
216. 問 问	250. 墳 坟	284. 緒 绪
217. 聞 闻	251. 憤 愤	285. 署 署

286. 釋　释
287. 禪　禅
288. 線　线
289. 選　选
290. 鮮　鲜
291. 設　设
292. 說　说
293. 攝　摄
294. 聖　圣
295. 聲　声
296. 誠　诚
297. 歲　岁
298. 細　细
299. 勢　势
300. 掃　扫
301. 燒　烧
302. 疎　疏
303. 蘇　苏
304. 訴　诉
305. 騷　骚
306. 屬　属
307. 續　续
308. 孫　孙
309. 損　损
310. 訟　讼
311. 誦　诵
312. 頌　颂
313. 鎖　锁
314. 壽　寿
315. 帥　帅
316. 數　数
317. 樹　树
318. 獸　兽
319. 誰　谁

320. 輪　轮
321. 隨　随
322. 雖　虽
323. 須　须
324. 肅　肃
325. 純　纯
326. 順　顺
327. 脣　唇
328. 術　术
329. 濕　湿
330. 習　习
331. 襲　袭
332. 勝　胜
333. 昇　升
334. 僧　僧
335. 時　时
336. 視　视
337. 試　试
338. 詩　诗
339. 植　植
340. 飾　饰
341. 識　识
342. 愼　慎
343. 神　神
344. 實　实
345. 審　审
346. 尋　寻
347. 雙　双
348. 亞　亚
349. 餓　饿
350. 兒　儿
351. 惡　恶
352. 顏　颜
353. 謁　谒

354. 巖　岩
355. 壓　压
356. 愛　爱
357. 額　额
358. 約　约
359. 藥　药
360. 躍　跃
361. 兩　两
362. 揚　扬
363. 楊　杨
364. 樣　样
365. 讓　让
366. 陽　阳
367. 養　养
368. 漁　渔
369. 語　语
370. 魚　鱼
371. 於　于
372. 億　亿
373. 憶　忆
374. 嚴　严
375. 業　业
376. 與　与
377. 輿　舆
378. 餘　余
379. 譯　译
380. 驛　驿
381. 煙　烟
382. 硏　研
383. 緣　缘
384. 軟　软
385. 鉛　铅
386. 熱　热
387. 閱　阅

388. 鹽 盐	422. 願 愿	456. 者 者
389. 葉 叶	423. 偉 伟	457. 資 资
390. 榮 荣	424. 僞 伪	458. 殘 残
391. 營 营	425. 圍 围	459. 暫 暂
392. 詠 咏	426. 爲 为	460. 潛 潜
393. 藝 艺	427. 緯 纬	461. 雜 杂
394. 譽 誉	428. 衛 卫	462. 場 场
395. 銳 锐	429. 謂 谓	463. 墙 墙
396. 隸 隶	430. 違 违	464. 壯 壮
397. 嗚 呜	431. 猶 犹	465. 獎 奖
398. 娛 娱	432. 愈 愈	466. 將 将
399. 汚 污	433. 維 维	467. 帳 帐
400. 烏 乌	434. 遊 游	468. 張 张
401. 誤 误	435. 誘 诱	469. 粧 妆
402. 獄 狱	436. 遺 遗	470. 腸 肠
403. 溫 温	437. 陸 陆	471. 臟 脏
404. 擁 拥	438. 潤 润	472. 裝 装
405. 臥 卧	439. 閏 闰	473. 長 长
406. 緩 缓	440. 銀 银	474. 災 灾
407. 搖 摇	441. 隱 隐	475. 財 财
408. 謠 谣	442. 陰 阴	476. 載 载
409. 遙 遥	443. 飮 饮	477. 爭 争
410. 慾 欲	444. 應 应	478. 著 著
411. 龍 龙	445. 儀 仪	479. 貯 贮
412. 優 优	446. 義 义	480. 適 适
413. 憂 忧	447. 議 议	481. 積 积
414. 郵 邮	448. 醫 医	482. 績 绩
415. 運 运	449. 異 异	483. 賊 贼
416. 雲 云	450. 益 益	484. 跡 迹
417. 韻 韵	451. 認 认	485. 傳 传
418. 園 园	452. 臨 临	486. 專 专
419. 員 员	453. 賃 赁	487. 戰 战
420. 圓 圆	454. 姊 姊	488. 轉 转
421. 遠 远	455. 玆 兹	489. 電 电

490. 錢 钱	524. 卽 即	558. 冊 册
491. 竊 窃	525. 證 证	559. 責 责
492. 節 节	526. 曾 曾	560. 處 处
493. 絶 绝	527. 憎 憎	561. 淺 浅
494. 漸 渐	528. 增 增	562. 薦 荐
495. 點 点	529. 贈 赠	563. 賤 贱
496. 情 情	530. 紙 纸	564. 踐 践
497. 淨 净	531. 誌 志	565. 遷 迁
498. 精 精	532. 遲 迟	566. 徹 彻
499. 訂 订	533. 直 直	567. 鐵 铁
500. 貞 贞	534. 織 织	568. 聽 听
501. 靜 静	535. 職 职	569. 廳 厅
502. 頂 顶	536. 盡 尽	570. 晴 晴
503. 濟 济	537. 眞 真	571. 淸 清
504. 製 制	538. 進 进	572. 請 请
505. 諸 诸	539. 鎭 镇	573. 靑 青
506. 際 际	540. 陣 阵	574. 體 体
507. 題 题	541. 陳 陈	575. 遞 递
508. 齊 齐	542. 姪 侄	576. 礎 础
509. 弔 吊	543. 質 质	577. 燭 烛
510. 條 条	544. 執 执	578. 觸 触
511. 祖 祖	545. 懲 惩	579. 總 总
512. 組 组	546. 車 车	580. 聰 聪
513. 調 调	547. 錯 错	581. 銃 铳
514. 鳥 鸟	548. 讚 赞	582. 醜 丑
515. 從 从	549. 贊 赞	583. 祝 祝
516. 終 终	550. 慘 惨	584. 築 筑
517. 縱 纵	551. 慙 惭	585. 縮 缩
518. 鍾 钟	552. 倉 仓	586. 衝 冲
519. 種 种	553. 創 创	587. 蟲 虫
520. 晝 昼	554. 窓 窗	588. 側 侧
521. 鑄 铸	555. 蒼 苍	589. 測 测
522. 準 准	556. 債 债	590. 層 层
523. 衆 众	557. 採 采	591. 値 值

592. 恥 耻	624. 飽 饱	656. 號 号
593. 置 置	625. 標 标	657. 護 护
594. 齒 齿	626. 豐 丰	658. 紅 红
595. 則 则	627. 風 风	659. 鴻 鸿
596. 親 亲	628. 畢 毕	660. 畫 画
597. 寢 寝	629. 賀 贺	661. 禍 祸
598. 針 针	630. 學 学	662. 華 华
599. 稱 称	631. 鶴 鹤	663. 話 话
600. 墮 堕	632. 漢 汉	664. 貨 货
601. 濁 浊	633. 閑 闲	665. 確 确
602. 歎 叹	634. 韓 韩	666. 擴 扩
603. 彈 弹	635. 項 项	667. 穫 获
604. 誕 诞	636. 該 该	668. 環 环
605. 奪 夺	637. 鄕 乡	669. 換 换
606. 貪 贪	638. 響 响	670. 歡 欢
607. 湯 汤	639. 虛 虚	671. 還 还
608. 態 态	640. 許 许	672. 況 况
609. 擇 择	641. 憲 宪	673. 黃 黄
610. 澤 泽	642. 獻 献	674. 懷 怀
611. 討 讨	643. 軒 轩	675. 會 会
612. 統 统	644. 險 险	676. 劃 划
613. 鬪 斗	645. 驗 验	677. 獲 获
614. 罷 罢	646. 懸 悬	678. 橫 横
615. 頗 颇	647. 現 现	679. 曉 晓
616. 販 贩	648. 絃 弦	680. 後 后
617. 敗 败	649. 縣 县	681. 訓 训
618. 貝 贝	650. 賢 贤	682. 揮 挥
619. 編 编	651. 顯 显	683. 輝 辉
620. 評 评	652. 嫌 嫌	684. 興 兴
621. 幣 币	653. 協 协	685. 戲 戏
622. 廢 废	654. 脅 胁	
623. 閉 闭	655. 虎 虎	

교육용 기초한자 1,800자에는 없는 중국의 상용한자

1) 중국의 신HSK 초급 어휘(A1, A2)에 있는 한자(46자)

중국 정부에서 주관하는 중국어 평가시험인 신HSK의 어휘표에는 초급 어휘로 모두 300단어가 설정되어 있다. 이 어휘에 쓰인 한자 중 우리나라의 교육용 한자 1,800자에 없는 한자를 소개한다. 여기에는 현대중국에서 사용하는 간화자와 번체자, 그리고 이 한자의 우리말 독음과 뜻, 현대중국에서 사용하는 어휘와 그 어휘의 음과 뜻을 소개하도록 한다.

현대중국의 간화한자	번체자	중국어단어	한어병음	중국어단어의 뜻
哥	哥(노래 가)	哥哥	gēge	형. 오빠.
咖	咖(커피 가)	咖啡	kāfēi	커피
喝	喝(꾸짖을 갈)	喝	hē	마시다.
瓜	瓜(오이 과)	西瓜	xīguā	수박.
汽	汽(증기 기)	公共汽车	gōnggòng qìchē	버스.
哪	哪(어찌 나)	哪(哪儿)	nǎ(nǎr)	무엇. 어느 것. 어찌. 어떻게.
奶	奶(젖 내)	牛奶	niúnǎi	우유.
呢	呢(소곤거릴 니)	呢	ne	의문을 나타냄.
你	你(너 니)	你	nǐ	너. 당신.
您	您(너 니)	您	nín	당신. ('你'의 높임말)
蛋	蛋(새알 단)	鸡蛋	jīdàn	계란.
懂	懂(심란할 동)	懂	dǒng	알다. 이해하다.
篮	籃(바구니 람)	打篮球	dǎ lánqiú	농구하다.
亮	亮(밝을 량)	漂亮	piàoliang	예쁘다. 아름답다
么	麼(무엇 마)	怎么	zěnme	어떻게. 왜. 어째서.
吗	嗎(꾸짖을 마)	吗	ma	의문의 어기를 나타냄.
妈	媽(어미 마)	妈妈	māma	엄마. 어머니.
猫	猫(고양이 묘)	猫	māo	고양이.

현대중국의 간화한자	번체자	중국어단어	한어병음	중국어단어의 뜻
们	們(들 문)	我们	wǒmen	우리. 복수형 표지.
旁	旁(두루 방)	旁边(儿)	pángbiān(r)	옆. 곁.
帮	幫(도울 방)	帮助	bāngzhù	돕다. 원조하다. 도움. 원조.
啡	啡(코고는소리 배)	咖啡	kāfēi	커피
些	些(적을 사)	些	xiē	조금. 약간.
绍	紹(이을 소)	介绍	jièshào	소개하다.
什	什(열사람 십)	为什么	wèishénme	왜.
玩	玩(희롱할 완)	玩儿	wánr	놀다. 놀이하다.
喂	喂(부르는소리 위)	喂	wèi	야. 이봐. 여보세요. 사육하다. 먹이다.
椅	椅(의나무 의)	椅子	yǐzi	의자.
姐	姐(누이 저)	姐姐	jiějie	누나. 언니.
她	她(아가씨 저)	她	tā	그녀.
这	這(이 저)	这(这儿)	zhè(zhèr)	여기. 이곳.
睛	睛(눈동자 정)	眼睛	yǎnjing	눈.
找	找(채울 조)	找	zhǎo	찾다.
做	做(지을 주)	做	zuò	하다.
怎	怎(어찌 즘)	怎么	zěnme	어떻게. 왜. 어째서.
站	站(우두커니설 참)	火车站	huǒchēzhàn	기차역.
踢	踢(찰 척)	踢足球	tī zúqiú	축구를 하다.
穿	穿(뚫을 천)	穿	chuān	입다. 신다
它	它(다를 타)	它	tā	그. 저. 그것. 저것.
桌	桌(탁자 탁)	桌子	zhuōzi	탁자. 테이블.
爸	爸(아비 파)	爸爸	bàba	아빠. 아버지.
吧	吧(아이 다툴 파)	吧	ba	문장 맨 끝에 쓰여, 상의, 제의, 청유, 기대, 명령 등의 어기를 나타냄.
苹	苹(개구리밥 평)	苹果	píngguǒ	사과.
跑	跑(땅긁어팔 포)	跑步	pǎobù	달리다. 구보하다.
孩	孩(어린아이 해)	孩子	háizi	애. 어린이.
很	很(패려궂을 흔)	很	hěn	매우. 대단히. 아주.

2) 중국의 신HSK 중급 어휘(B1, B2)에 있는 한자(150자)

중국 정부에서 주관하는 중국어 평가시험인 신HSK의 어휘표에는 중급 어휘로 모두 900단어가 설정되어 있다. 이 어휘에 쓰인 한자 중 우리나라의 교육용 한자 1,800자에 없는 한자를 소개한다. 여기에는 현대중국에서 사용하는 간화자와 번체자, 그리고 이 한자의 우리말 독음과 뜻, 현대중국에서 사용하는 어휘와 그 어휘의 음과 뜻을 소개하도록 한다.

현대중국의 간화한자	번체자	중국어단어	한어병음	중국어단어의 뜻
键	鍵(열쇠 건)	关键	guānjiàn	관건.
巾	巾(수건 건)	毛巾	máojīn	수건. 타월.
脸	臉(뺨 검)	脸	liǎn	얼굴.
歉	歉(흉년들 겸)	抱歉	bàoqiàn	미안해하다. 죄송합니다.
敲	敲(두드릴 고)	敲	qiāo	두드리다.
膏	膏(살찔 고)	牙膏	yágāo	치약. 확실하다.
估	估(값 고)	估计	gūjì	추측하다.
糕	糕(떡 고)	蛋糕	dàngāo	케이크.
裤	褲(바지 고)	裤子	kùzi	바지.
棵	棵(나무이름 과)	棵	kē	그루. 포기.
刮	刮(깎을 괄)	刮风	guāfēng	바람이 불다.
括	括(묶을 괄)	包括	bāokuò	포함하다. 포괄하다.
逛	逛(달아날 광)	逛	guàng	돌아다니다. 구경하다.
饺	餃(경단 교)	饺子	jiǎo'zi	만두. 교자.
骄	驕(교만할 교)	骄傲	jiāoào	오만하다. 거만하다.
够	夠(모을 구)	够	gòu	충분하다. 넉넉하다. 매우.
购	購(살 구)	购物	gòuwù	물건을 사다.
裙	裙(치마 군)	裙子	qúnzi	치마. 스커트.
跟	跟(발꿈치 근)	跟	gēn	…와(과). 따라가다.
圾	圾(위태할 급)	垃圾桶	lājītǒng	쓰레기통.
拿	拿(붙잡을 나)	拿	ná	쥐다. 잡다. 가지다.
闹	鬧(시끄러울 뇨)	热闹	rènao	번화하다. 흥성거리다.
锻	鍛(쇠불릴 단)	锻炼	duànliàn	단조하다. 제련하다.

현대중국의 간화한자	번체자	중국어단어	한어병음	중국어단어의 뜻
撞	撞(칠 당)	撞	zhuàng	부딪치다.
躺	躺(누울 당)	躺	tǎng	눕다. 드러눕다.
戴	戴(일 대)	戴	dài	착용하다. 쓰다. 몸에달다.
袋	袋(자루 대)	塑料袋	sùliàodài	비닐봉투.
堵	堵(담 도)	堵车	dǔchē	교통이 꽉 막히다.
掉	掉(흔들 도)	掉	diào	떨어지다.
萄	萄(포도 도)	葡萄	pútáo	포도.
顿	頓(조아릴 돈)	顿	dùn	번. 차례.
疼	疼(아플 동)	疼	téng	아프다.
肚	肚(배 두)	肚子	dùzi	복부.
懒	懶(게으를 라)	懒	lǎn	게으르다. 나태하다.
辣	辣(매울 랄)	辣	là	맵다.
垃	垃(쓰레기 랄)	垃圾桶	lājītǒng	쓰레기통.
蓝	藍(쪽 람)	蓝	lán	남색. 푸르다.
拉	拉(꺾을 랍)	拉	lā	끌다. 당기다. 견인하다.
俩	倆(재주 량)	俩	liǎ	두개.
辆	輛(수레 량)	辆	liàng	대. 량.
厉	厲(갈 려)	厉害	lìhai	무섭다. 대단하다.
炼	煉(불릴 련)	锻炼	duànliàn	단련하다. 제련하다.
另	另(헤어질 령)	另外	lìngwài	다른 사람이나 사물.—이 외에.
龄	齡(나이 령)	年龄	niánlíng	연령.
聊	聊(귀울 료)	无聊	wúliáo	심심하다.
码	碼(나노 마)	号码	hàomǎ	번호. 숫자.
袜	袜(버섯 말)	袜子	wàzi	양말. 스타킹.
网	網(그물 망)	网球	wǎngqiú	테니스.
帽	帽(모자 모)	帽子	màozi	모자.
搬	搬(옮길 반)	搬	bān	기다. 운반하다.
胖	胖(희생 반)	胖	pàng	뚱뚱하다.
泼	潑(뿌릴 발)	活泼	huópo	활발하다.
陪	陪(쌓아올릴 배)	陪	péi	모시다. 동반하다.
乓	乓(물건부딪치는 소 리 병)	乒乓球	pīngpāngqiú	탁구.
瓶	瓶(병 병)	瓶子	píngzi	병.

현대중국의 간화한자	번체자	중국어단어	한어병음	중국어단어의 뜻
饼	餠(떡 병)	饼干	bǐnggān	비스킷. 과자.
傅	傅(스승 부)	师傅	shīfu	스승. 사부. 선생님.
肤	膚(살갗 부)	皮肤	pífū	피부.
扮	扮(꾸밀 분)	打扮	dǎbàn	화장하다. 꾸미다.
笨	笨(거칠 분)	笨	bèn	멍청하다. 우둔하다.
脾	脾(지라 비)	脾气	píqì	성격. 기질.
啤	啤(맥주 비)	啤酒	píjiǔ	맥주.
份	份(일부분 빈)	份	fèn	조각. 벌. 일부분.
狮	獅(사자 사)	狮子	shīzi	사자.
酸	酸(초 산)	酸	suān	(맛이) 시다.
伞	傘(우산 산)	伞	sǎn	우산.
森	森(나무빽빽할 삼)	森林	sēnlín	삼림. 숲.
衫	衫(적삼 삼)	衬衫	chènshān	와이셔츠. 셔츠. 블라우스.
箱	箱(상자 상)	行李箱	xínglǐxiāng	짐가방
赛	賽(굿할 새)	比赛	bǐsài	경기. 시합.
舒	舒(펼 서)	舒服	shūfu	편안하다.
硕	碩(클 석)	硕士	shuòshì	석사.
醒	醒(깰 성)	醒	xǐng	잠에서 깨다.
塑	塑(토우 소)	塑料袋	sùliàodài	비닐봉투.
嗽	嗽(기침할 수)	咳嗽	késou	기침하다. 명기침.
瘦	瘦(파리할 수)	瘦	shòu	마르다. 여위다.
羞	羞(부끄러울 수)	害羞	hàixiū	부끄러워하다. 수줍어하다.
售	售(팔 수)	售货员	shòuhuòyuán	판매원.
匙	匙(숟가락 시)	钥匙	yàoshi	열쇠.
猜	猜(샘할 시)	猜	cāi	추측하다. 알아맞히다.
柿	柿(감나무 시)	西红柿	xīhóngshì	토마토.
悉	悉(다 실)	熟悉	shúxī	잘알다. 익숙하다.
阿	阿(언덕 아)	阿姨	āyí	아주머니.
啊	啊(사랑할 아)	啊	a	감탄, 찬탄을 나타내는 어기사
握	握(쥘 악)	握手	wòshǒu	악수하다. 손을잡다.
按	按(누를 안)	按时	ànshí	제때에. 시간에 맞추어.
爷	爺(아비 야)	爷爷	yéye	할아버지.
钥	鑰(자물쇠 약)	钥匙	yàoshi	열쇠.

현대중국의 간화한자	번체자	중국어단어	한어병음	중국어단어의 뜻
厌	厭(싫을 염)	讨厌	tǎoyàn	싫어하다. 미워하다.
赢	贏(남을 영)	赢	yíng	이기다. 승리하다.
预	預(미리 예)	预习	yùxí	예습하다.
碗	碗(주발 완)	碗	wǎn	그릇. 양그릇.
矮	矮(키작을 왜)	矮	ǎi	(키가)작다. (높이가)낮다.
扰	擾(어지러울 요)	打扰	dǎrǎo	방해하다. 지장을주다.
邀	邀(맞을 료)	邀请	yāoqǐng	초청하다.
熊	熊(곰 웅)	熊猫	xióngmāo	팬더.
愉	愉(즐거울 유)	愉快	yúkuài	기쁘다. 유쾌하다.
允	允(진실로 윤)	允许	yǔnxǔ	동의하다. 허락하다.
谊	誼(옳을 의)	友谊	yǒuyì	우의. 우정.
姨	姨(이모 이)	阿姨	āyí	아주머니.
尔	爾(너 이)	偶尔	ǒu'ěr	때때로. 가끔.
羡	羨(부러워할 선)	羡慕	xiànmù	흠모하다. 부러워하다.
仍	仍(인할 잉)	仍然	réngrán	변함없이. 여전히.
剩	剩(남을 잉)	剩	shèng	남다.
扔	扔(당길 잉)	扔	rēng	던지다.
仔	仔(자세할 자)	仔细	zǐxì	세심하다. 꼼꼼하다.
赚	賺(속일 잠)	赚	zhuàn	벌다.
卡	卡(관 잡)	信用卡	xìnyòngkǎ	신용카드.
墙	墙(담 장)	墙	qiáng	담장. 벽.
脏	臟(오장 장)	脏	zāng	더럽다.
趟	趟(뛸 쟁)	趟	tàng	차례. 번.
猪	猪(돼지 저)	猪	zhū	돼지.
填	填(메울 전)	填空	tiánkòng	빈칸에 써넣다.
挺	挺(뺄 정)	挺	tǐng	상당히. 대단히.
梯	梯(사다리 제)	电梯	diàntī	엘리베이터.
粗	粗(거칠 조)	粗心	cūxīn	소홀하다. 부주의하다.
澡	澡(씻을 조)	洗澡	xǐzǎo	목욕하다. 몸을씻다.
丢	丟(잃어버릴 주)	丢	diū	잃다. 잃어버리다. 버리다.
厨	廚(부엌 주)	厨房	chúfáng	주방. 부엌.
汁	汁(즙 즙)	果汁	guǒzhī	과일즙.
址	址(터 지)	地址	dìzhǐ	주소.
窄	窄(좁을 착)	窄	zhǎi	좁다.

현대중국의 간화한자	번체자	중국어단어	한어병음	중국어단어의 뜻
咱	咱(나 찰)	咱们	zánmen	우리.
甜	甛(달 첨)	甜	tián	달다. 달콤하다.
签	簽(농 첨)	签证	qiānzhèng	비자. 사증.
楚	楚(모형 초)	清楚	qīngchu	분명하다. 뚜렷하다.
稍	稍(벼줄기끝 초)	稍微	shāowēi	조금. 약간.
蕉	蕉(파초 초)	香蕉	xiāngjiāo	바나나.
吵	吵(소리 초)	吵	chǎo	시끄럽다. 떠들썩하다. 말다툼하다.
嘴	嘴(부리 취)	嘴	zuǐ	입.
衬	襯(속옷 친)	衬衫	chènshān	와이셔츠. 셔츠. 블라우스.
筷	筷(젓가락 쾌)	筷子	kuàizi	젓가락.
朵	朵(늘어질 타)	朵	duǒ	송이. 조각.
抬	擡(들 대)	抬	tái	들어올리다.
桶	桶(통 통)	垃圾桶	lājītǒng	쓰레기통.
腿	腿(넓적다리 퇴)	腿	tuǐ	다리.
爬	爬(긁을 파)	爬山	páshān	산을 오르다.
怕	怕(두려워할 파)	恐怕	kǒngpà	아마…일 것이다. 대체로.
办	辦(힘쓸 판)	办法	bànfǎ	방법. 수단.
骗	騙(속일 편)	骗	piàn	속이다. 기만하다.
葡	葡(포도 포)	葡萄	pútáo	포도.
乓	乓(풍소리 병)	乒乓球	pīngpāngqiú	탁구.
呀	呀(입벌릴 하)	呀	ya	(놀람)아! 야!
盒	盒(합 합)	盒子	hézi	작은상자. 합. 곽.
咳	咳(어린아이웃을 해)	咳嗽	késou	기침하다. 기침.
页	頁(머리 혈)	页	yè	쪽. 면.
鞋	鞋(신 혜)	鞋	xié	신발. 구두.
猴	猴(원숭이 후)	猴子	hóuzi	원숭이.
吃	吃(말더듬을 흘)	吃惊	chījīng	놀라다.

중국문화와 한자, 두 마리 토끼를 잡아라

초판1쇄 발행 2013년 3월 28일
초판2쇄 발행 2015년 3월 13일
초판3쇄 발행 2018년 8월 28일
초판4쇄 발행 2022년 12월 26일

편자 스딩궈(石定果)·뤄웨이둥(羅衛東)
역자 이강재
펴낸이 이대현
편집 이태곤 권분옥 임애정 강윤경
디자인 안혜진 최선주 이경진 | **마케팅** 박태훈 안현진
펴낸곳 도서출판 역락 | **등록** 제303-2002-000014호(등록일 1999년 4월 19일)
주소 서울시 서초구 동광로 46길 6-6(문창빌딩 2F)
전화 02-3409-2058(영업부), 2060(편집부) | **팩시밀리** 02-3409-2059
전자우편 youkrack@hanmail.net
홈페이지 www.youkrackbooks.com
ISBN 978-89-5556-040-4 03720

정가 16,000원